17k

HISTOIRE

DE

L'ABBAYE ROYALE

DE

SAINT-JEAN-DE-FALAISE

ORDRE DE PRÉMONTRÉS

Par Amédée MÉRIEL

2me ÉDITION

ALENÇON

IMPRIMERIE A. LEPAGE

1883

T⹁7

HISTOIRE
DE L'ABBAYE ROYALE
DE
SAINT-JEAN-DE-FALAISE
ORDRE DE PRÉMONTRÉS
PAR
Amédée Mériel

───────

1127. GONFROY, FONDATEUR ET 1er PRIEUR.

L'origine de la vie monastique remonte à la persécution des chrétiens. En présence des conversions nombreuses opérées par la parole sage et éclairée des disciples du Christ, les Empereurs romains, dans la crainte que leur trône que soutenaient les Idoles ne s'écroulât et ne les ensevelît sous ses ruines, sonnèrent l'heure de la persécution. Alors commença l'ère des Martyrs ; ère lugubre, mais fatale ; lugubre, car les cataclysmes de la pensée sont aussi redoutables que ceux de la matière ; fatale, car les édifices nouveaux ne s'élèvent que sur des débris. Le ciel était sombre ; la terre était teinte de sang ; l'air retentissait de cris de vengeance et de détresse, et le nombre des victimes usait le fer et le poison. Aucune force ne s'était opposée au carnage ; mais la foi triomphait ; et quand l'histoire, de sa main équitable, souleva plus tard ce

voile funèbre, un hideux spectacle s'offrit à
ses regards : d'un côté les chrétiens entas-
sés, de l'autre les persécuteurs; elle s'avança
avec émotion vers les uns et les éclaira de
son immortelle lumière ; devant les autres
elle recula d'horreur, et jeta sur leur spectre
le manteau de la réprobation.

Quand il y a nécessité de choisir entre
l'abandon de la foi ou la mort, les héros
seuls savent mourir ; mais l'héroïsme ne
consiste pas dans l'obéissance passive au
bourreau : ce n'est pas être lâche, ce n'est
pas être traître, infidèle à sa conviction, que
se soustraire au glaive d'un assassin. Trop
faibles pour opposer aux empereurs une
résistance ouverte, ceux des chrétiens
qu'avait épargnés encore une aveugle fureur
se hâtèrent d'abandonner leurs foyers. Pro-
tégés par la nuit, soutenus par leur courage
et les pressantes exhortations de quelques-
uns d'entre eux, ils se dispersèrent et gagnèrent des rives lointaines. Les uns, qu'une
marche longue et rapide fatiguait ou pour
lesquels le besoin d'une solitude complète
se faisait sentir, restèrent au milieu des
bois ; là, une grotte leur servit de retraite ;
des fruits sauvages et l'eau claire d'une
source voisine suffirent aux besoins de
leur existence, et leurs jours s'écoulèrent
ainsi entre le repos et la prière. Ils priaient
pour remercier Dieu de les avoir sauvés du
naufrage, pour conjurer la tempête qui con-

tinuait de· gronder au loin et pour appeler
sur la tête de leurs frères la clémence et la
pitié suprêmes ; les autres, unis étroitement
par le malheur, ayant partagé en commun
les fatigues du voyage, voulurent jouir
ensemble des douceurs d'une vie calme et
résignée et se consacrer entièrement aux
developpements des idées chrétiennes. Antoine, Hilarion, Pacôme, Basile, etc., se
firent les échos des nouvelles doctrines et
virent bientôt de zélés adeptes se ranger
sous leurs bannières. Des monastères s'élevèrent en Egypte, en Palestine, en Syrie,
en Perse et jusque dans les Indes. Chaque
monastère fut composé de trente ou quarante
maisons, et dans chaque maison vécurent
trente ou quarante caléchumènes encore
laïcs que l'on appela *M ines* du mot grec
monos (seul). Chaque monastère eut un
abbé ou père; chaque maison un prévôt, et
chaque dizaine de moines un doyen ; puis
un prêtre étranger fut appelé à remplir ses
fonctions dans la communauté qui entra
bientôt sous la dépendance d'un évêque.

Cependant les persécutions avaient cessé ;
de nouveaux chefs de la monarchie romaine,
reconnaissant les erreurs du paganisme,
s'étaient rendus au culte d'une seule divi-
nité ; l'empereur Constantin même par
l'édit de Milan en 313, avait fait de la religion chrétienne la religion de l'empire.
L'étincelle monastique jaillit alors d'Orient

en Occident, et cette existence commune y était déjà depuis longtemps en vigueur quand Augustin, à Hippone, vers 400, et Benoist, au Mont-Cassin, vers 529, écrivirent la règle que leurs disciples devaient observer.

Le travail et l'économie des moines, les donations des souverains, des seigneurs et des fidèles, autorisées et confirmées par les papes, ne tardèrent pas à enrichir les monastères qui devinrent le point de mire de la cupidité. Les Lombards en Italie, les Sarrazins en Espagne et les guerres civiles en France, détruisirent en peu de temps l'œuvre patiente de plusieurs siècles ; et le règne protecteur de Charlemagne suffit à peine pour réparer les pertes faites par les cénobites. Déjà pourtant ils reprenaient courage, relevaient leurs édifices et entraient dans une nouvelle phase de paix et de prospérité, quand la brusque invasion des Normands les replongea soudain dans le néant.

Lorsqu'en 912 la Neustrie eut été cédée par le roi de France Charles-le-Simple au victorieux Rollon, ces mêmes Normands, convertis et regrettant leurs excès, adoucirent le sort des peuples vaincus ; et reportant sur le pays conquis et cédé l'affection du sol natal, firent succéder l'ordre à la perturbation, relevèrent les couvents, instituèrent des officiers pour rendre la justice, et se montrèrent aussi sages et éclairés dans l'administration qu'ils avaient été cruels et aveugles dans la conquête.

Ce fut principalement sous les règnes des ducs de Normandie et rois d'Angleterre, Guillaume-le-Conquérant et Henri 1er, son fils, que les institutions monastiques prirent naissance en Normandie et acquirent un grand développement. Ces fondations dues soit à la piété, soit à la reconnaissance ou encore à l'orgueil de souverains, de hauts personnages, ou de riches bourgeois, rassemblèrent sous un même toit des hommes qui dans l'origine pleins de foi et de charité, se dérobèrent aux regards séducteurs des jouissances de la terre et tendirent une main charitable aux pauvres, aux malades et aux voyageurs; vivant de privations, ils défrichaient les terres incultes, traduisaient les anciens auteurs et conservaient ou composaient ces précieux manustrits qui devaient plus tard jeter une vive lumière sur l'histoire de ces temps reculés. Un tel emploi de la vie méritait les plus grands éloges; et les populations voyaient avec bonheur ces communautés s'élever au milieu d'elles comme une garantie de concorde et de protection.

La ville de Falaise, avant 1127, possédait dit-on, une maison hospitalière, que Robert le-Libéral, son enfant d'adoption, époux de la jolie falaisienne, Arlette de Vertprey, et père du Conquérant, avait établie dans ses murs. L'amour profond et la charité de ce duc qui, ainsi que le rapporte Dumoulin, *portait beaucoup d'affection aux pauvres et ladres, les vêtait et leur donnait lui-même à manger*, semblent être en effet des preuves presque convaincantes de l'existence d'un établissement de ce genre ; mais depuis le règne de ce prince, l'importance de Falaise s'était considérablement étendue ; le château, bâti par les Romains, et dont les ducs Normands faisaient leur place forte en temps de guerre et leur séjour de plaisance pendant la paix, une situation avantageuse, la chapelle où la vierge trouvée par un pâtre avait été religieusement déposée, enfin les commencements heureux des foires de Guibray, faisaient de cette ville le centre de réunions pieuses et de grandes opérations militaires et commerciales. Anglais, Juifs, Normands et Français, nouaient et entretenaient leurs relations dans cette cité, que les rois d'Angleterre, regardant comme la mère-patrie, puisqu'elle était le berceau du vainqueur d'Hastings, honorèrent toujours de leur faveur et comblèrent de nombreux privilèges.

Si l'affluence des pèlerins, des marchands et des guerriers, si la protection des successeurs de Robert et de Guillaume avaient assuré l'accroissement et la prospérité de la ville, cette importance même créait des besoins auxquels ils devenait nécessaire de pourvoir. L'hospice du duc Robert ne devait plus contenir aisément les malades, les blessés et les voyageurs, dont le nombre avait augmenté ; aussi la nécessité d'une maison hospitalière, construite sur de larges bases se faisait impérieusement sentir : un événement douloureux et imprévu en hâta l'établissement.

Un jour, cent ans après la naissance du héros Falaisien Guillaume-le-Conquérant, Louis le Gros régnant en France, et Henri Ier étant roi d'Angleterre et duc de Normandie, deux pauvres arrivèrent à Falaise où le cortége lugubre de l'hiver les avait devancés. Épuisés, affaiblis par le jeûne, la fatigue et le froid, ils firent appel à la pitié des habitants ; mais leur voix resta sans écho ; leur demande ne fut point entendue ; toutes les portes restèrent fermées devant eux ; personne ne leur accorda l'hospitalité.

Cette conduite de la part des Falaisiens semblerait inexplicable et révolterait même tous les cœurs généreux, si à cette époque les sanglants combats qui désolaient la Normandie, et les trahisons et les crimes qui s'y commettaient n'eussent rempli les esprits de défiance et de terreur. Les espions ne sont pas nés d'hier ; ce n'est pas d'hier non plus qu'une juste flétrissure s'attache à leurs pas. Les deux étrangers, sous le cou-

vert de la plus grande infortune et des plus
impérieux besoins n'étaient pas, mais pouvaient être de dangereux émissaires dissi-
mulant de sombres et pernicieux desseins ;
nul ne les connaissait, nul ne voulut les
connaître. Désespérés, ils sortirent de la
ville par la porte de la Bastille-de-Bocey
dont l'emplacement est connu aujourd'hui
sous le nom de Tour-Grise ; et là, en dehors
des fortifications, ils firent de nouvelles et
infructueuses tentatives pour obtenir quelques secours. Ils éprouvèrent alors cette
anxiété fiévreuse, cet anéantissement, cet
indéfinissable état de l'homme qui, après
une lutte longue et impuissante contre le
malheur ou après des vœux, des prières la-
mentables et attendrissantes restées ici bas
sans résultat heureux, porte instinctivement
ses yeux et son âme vers Dieu, pleure et at-
tend. Heureux celui qui croit et qui prie !
le regard qui s'est élevé suppliant vers le
Ciel revoit la terre avec plus d'espoir, avec
moins d'amertume ; dans cet intervalle,
dans cet élan spontané de l'âme et pendant
son abandon et son oubli momentanés de la
terre, il s'opère parfois comme un miracu-
leux changement de décors ; la scène de la
vie apparaît sous un autre aspect ; et quand
ce ne serait qu'une illusion, la foi n'est-elle
pas un mieux, un adoucissement, une conva-
lescence !

La grange d'un bourgeois de Falaise se

dressa sur le passage des deux malheureux qui se hâtèrent de pénétrer dans ce bâtiment où ils trouvèrent du bois et de la farine. Rassemblant alors les dernières forces qui leur restaient, ils allumèrent du feu et préparèrent du pain. La possibilité de réchauffer leurs membres engourdis, de prendre du repos et d'apaiser la faim qui les torturait s'offrait donc enfin à eux ; mais ce secours arrivait un peu tard : De même que la fatigue, la faim et le froid, appellent dans leurs premiers cris, le repos, la nourriture et l'abri, de même quand ces cris n'ont pas été assez tôt entendus, et que l'épuisement et le râle leur ont succédé, les besoins qui se faisaient sentir repoussent comme inopportuns et nuisibles des consolations, des adoucissements matériels trop longtemps attendus ; le sommeil, l'appétit et la chaleur fuient alors au lieu de se rapprocher, car c'est l'heure où la maladie commence si la vie ne finit pas. L'un des pauvres pèlerins put à peine prendre quelque nourriture et mourut dans la nuit.

Le lendemain, dès le matin, toute la ville connaissait ce déplorable évènement ; et chacun, regrettant des appréhensions dé-nuées de fondement, s'attribua en quelque sorte et se reprocha la mort du voyageur. Le propriétaire de la grange, Gonfroy, fils de Roger ou Rou, qui avait peut-être lui-même refusé l'aumône, fut très-sensible.

multùm indoluit, à ce malheur qu'il re-
garda comme un avertissement du ciel et
qui le porta à fonder un établissement de
charité, à mettre à la disposition de la
misère les biens dont il était possesseur, et
à se consacrer entièrement lui-même aux
pauvres et a Dieu. On aime à penser qu'en
agissant ainsi cet homme charitable allait
au devant des vœux de l'administration qui,
représentée par un vicomte et un gouverneur,
la mairie n'étant pas créée encore, allait
sans doute prendre les mesures nécessaires
pour venir efficacement en aide à l'infortune.

Gonfroy s'empressa de demander à l'évêque de Séez sous la juridiction duquel Falaise était comprise et au roi d'Angleterre
Henri Ier, fils du Conquérant, l'autorisation
d'établir sa maison. Le monarque anglais,
oubliant les premiers échecs qu'il avait es-
suyés devant Falaise lorsqu'il était venu
quelques années auparavant faire le siége
de cette ville, et voulant bien se rappeler
seulement qu'elle avait été le berceau de
isnaeoère, que depuis sa soumission elle et
,qéniloyalement ses serments de fidélité, et
-paenfin, preuve d'une confiance bien justi-
fie, il avait lui-même déposé ses trésors
dans la forteresse falaisienne, fut heureux
de seconder les efforts du généreux fondateur, et en lui donnant toute liberté l'assura
de sa haute protection.

Le fils de Roger se mit alors à l'œuvre, et choisit pour bâtir son édifice le lieu témoin du funeste évènement : c'était sur le bord du grand chemin tendant de la porte de Bocey à Guibray, là où sont actuellement les jardins et bosquets de la maison dite l'Abbatiale, appartenant à M. le docteur Bacon. L'hospice et son église, dont la porte d'entrée ouvrait sur ce chemin, s'élevèrent comme par enchantement ; Gonfroy stimulait l'activité des ouvriers, ne reculait devant aucuns sacrifices, et pendant que les travaux s'exécutaient, il s'inspirait des saintes écritures, se préparait à recevoir les ordres et appelait à lui des hommes dévoués et quelques religieux de la ville, dont le zèle et le concours éclairé lui furent immédiatement acquis : Robert le Maire ou de Méré, Robert Huners, Robert le Pic, Robert d'Olendon, Robert de Hommey, Godefroy de Pierrefite, Roger de Vitry et autres se joignirent à lui et formèrent sous sa direction une communauté de clercs vivant sous la règle de St-Augustin et portant le vêtement noir.

L'Etablissement était construit ; mais la cage ne nourrit point l'oiseau. Il fallait non seulement pourvoir à la nourriture et à l'entretien des clercs et frères laids ou convers qui composaient la communauté, mais encore aux besoins des malheureux, au soulagement desquels la maison était spéciale-

ment destinée. Chacun apporta sa part de
ressources : le prieur Gonfroy donna *in
perpetuam eleemosynam* son four situé auprès de la porte de Bocey ; ses maisons de
la rue des prêtres *in vico sacerdotum* dont
une vers l'église Trinité *versus sanctam tri-
nitatem*, puis cinq autres maisons assises :
trois sur la place de Falaise, *in platea Falesiæ*, une dans la ruelle vers le marché (rue
Julien) et la cinquième au delà du marché,
ultra macellum. Il abandonna, en outre,
deux moulins, dont l'un assis à la porte de
Bocey et l'autre vers la porte le Comte, *versus portam Comitis* ; puis le pré de la Foire
et les terres adjacentes et enfin le champ
des Oies *qui est inter feriam et Guibraium ;*
à ces diverses donations il ajouta des sommes importantes d'or et d'argent.

Placé sur de telles bases, l'Etablissement,
doté encore par un certain nombre de personnes charitables, n'attendit plus pour
fonctionner régulièrement et religieusement
que la sanction Episcopale. L'année même
de la fondation, en 1127, l'Evêque de
Séez, Jean de Neuville, sous l'épiscopat
duquel furent construites les abbayes de
St-André en Gouffern, Vignats et Villers-
Canivet dont nous nous occuperons séparé-
ment, et qui régularisa les chanoines de
Séez, vint à Falaise, et consacra et dédia à
St-Michel, dont le nom était en si grande
vénération que la France se mit sous sa

protection, et que plus tard le roi Louis **XI** créa un ordre en son honneur, l'hôpital **et** l'église élevés par Gonfroy. La maison prit alors et conserva jusqu'en 1133 le nom d'hôpital St-Michel.

Après cette cérémonie, Gonfroy poursuivit avec ardeur le but qu'il s'était proposé. Simple et modeste, il donnait à tous l'exemple de l'abnégation la plus grande, de la charité la mieux comprise. Les plus petits besoins étaient devancés par sa générosité prévoyante, et sa main secourable était constamment tendue à l'infortune. Bien secondé par ses clercs, il sut se concilier l'affection des petits et mériter la protection des grands.

Lorsque le Pape Innocent II que son compétiteur, Pierre de Léon, força de sortir de Rome, vint chercher à la cour de Louis le Gros protection et hospitalité, Gonfroy intéressa le pontife exilé à son œuvre et obtint de lui, une bulle en date à Rouen de l'année 1130 et dont voici la teneur :

« Innocentius, episcopus servus servorum Dei, dilecto filio Gonfrido salutem et apostolicam benedictionem. Ex injuncto nobis a Deo apostolatus officio, religiosis desideris debemus assensum prœbere, ut fidelis devotio celeriùs fortiatur effectum. Quocircà, dilecte in Domino fili Gonfride, tuis postulationibus clementer annuimus, et hospitalem domum de Falesia, consensu carrissimi filii nostri Henrici gloriosi Anglorum regis, a te constructam et scripti sui paginâ robora- tam, sub Petri protectione suscipimus, et apostolicœ sedis robore communimus. Sta- tuimus igitur ut ʒuœcumque bona, quœcum- que possessiones concessione Pontificum, largitione regum vel principum, oblatione fidelium, seu aliis justis modis eidem loco collata sunt, vel deinceps, prœstante domi- no, conferentur, nullus auferre vel minuere andeat, sed omnia integra conserventur, pauperum usibus pro quorum gubernatione et sustentatione concessa sunt, omnimodis profutura. Si quis itàque locum ipsum temerè perturbare aut ejus possessiones auferre vel minuere fortè tentaverit, indi- gnationem B. B. apostolorum Petri et Pauli et nostram incurrat ; conservantes autem peccatorum remissionem et eorumdem apos- tolorum gratiam consequantur. »

Deux ans après, en 1132, Henri Ier se rappela au souvenir de la communauté fa- laisienne : étant à Clarendon dont le palais fut le séjour favori de quelques rois d'An- gleterre et où, en 1164, sous le règne de Henri II, furent signées par les barons et prélats anglais les fameuses constitutions dites de Clarendon, qui restreignaient la juridiction des officialités et les pouvoirs du clergé, il donna à la maison hospitalière de St-Michel son moulin de Falaise, et une partie du champ de la foire ; il confirma les biens de la communauté, lui conféra certains priviléges et l'exempta de toutes contributions quelconques tant en Angleterre qu'en Normandie. Il déclara en outre dans sa charte que Robert, fils et héritier du fondateur Gonfroy avait devant lui renoncé à tous les droits qu'il pouvait avoir sur les biens donnés par son père à l'hôpital auquel il consentait qu'ils fussent à jamais acquis.

Le chartrier de l'Hôtel-Dieu de Falaise renferme cette charte que nous reproduisons ici ; elle est aussi consignée dans les annales des Prémontrés :

« Henricus, rex Angliæ, dux Normanniæ, archiepiscopo rhotomagensi et episcopis et baronibus et omnibus fidelibus totius Angliæ et Normanniæ, salutem. Sciatis quoniam ego Henricus concedo et do Deo et hospitali Falesiæ et fratribus tàm clericis quam laïcis in eo deservientibus, in eleemosynam perpetuam, pro remissione peccatorum meorum et salute animarum parentum meorum, molendinum meum de Falesia quod Gonfridus fecit fieri, et unam partem in campo feriæ, et præterea concedo et confirmo eidem hospitali totam terram et omnes domos et furnos, et aurum et argentum, et omnes reditus et res cujuscumque generis sint quas Gonfridus in eleemosynam ejusdem hospitalis fratribus concessit in Angliâ et Normanniâ et villâ Falesiæ, et quas ipse

2

vel aliquis alter quisque sit, Deo et hospitali dedit, vel in futuro legabit aut dabit ullo tempore ; et hoc coràm me concessit Robertus hæres et filius Gonfridi quoad omnia quæ pater suus ibi in eleemosynam dederat, vel in futuro legaliter daturus erat inconcussa permanerent Deo et hospitali. Ego autem hospitale ipsum et fratres meos qui in eo sunt, in custodiâ propria et manus meæ protectione servans, tanquàm meam dominicam eleemosynam ipsam, et omnes ejus possessiones et res tàm eas quas modo habet quam quàs in futuro habebit quietas et solutas a telonio et passagio et omni consuetudine et querela et occasionibus et omnibus exactionibus, nunc et in sempiternum statuo et omnia ut supra memoratum est per regnum meum Angliæ et ducatum Normanniæ intemerate illibateque in perpetuum Deo et hospitali illi et fratribus in eo regulariter Deo servientibus permansura confirmo, et regiâ auctoritate et à Deo mihi collatà potestate corroboro, corroborata etiam auctoritate summi pontificis venerabilis patris nostri. »

Cette charte est attestée par Roger, évêque de Salisbury ; Henri, évêque de Winchester ; Alexandre, évêque de Lincoln ; G..., chancelier; Robert de Sigillo ; Robert, comte de Glocester, fils naturel du roi, et qui plus tard soutint contre Etienne de Blois, l'usurpateur, les droits de sa sœur

Mathilde au trône d'Angleterre ; William, comte de Varennes ; Hugues Bigot, sénéchal ; Onfroy de Busch, sénéchal ; Raoul de Courcy, sénéchal ; G..., fils Paynel ; Milon de Glocester ; P..., fils de Jean ; R. Bass et A. de Ver.

Le souverain anglais manifestait le plus bienveillant intérêt en faveur des communautés religieuses ; c'était sans doute pour étouffer les cris de sa conscience et obtenir de Dieu et des hommes le pardon de sa cruauté envers son frère Courte-Botte qu'il avait vaincu à Tinchebray en 1106, dépouillé de son duché de Normandie, et fait jeter dans l'un des plus noirs cachots du château de Cardiff, dans le pays de Galles. Il pouvait, ce nous semble, rendre la liberté à son frère sans cesser d'accorder sa protection aux communautés ; mais nous n'avons pas à le juger ici ; nous constaterons seulement en passant que ce monarque et ses successeurs professèrent toujours une religion, une affection profonde pour la Normandie, à laquelle ils accordèrent de nombreux privilèges ; n'était-ce pas aussi, ainsi que nous l'avons dit de Falaise, la Mère-Patrie dont le souffle régénérateur et dont la main puissante avaient animé et assis sur de larges bases le royaume d'Angleterre. — Falaise et la Normandie furent le marchepied de la grandeur anglaise.

La renonciation du fils de Gonfroy à l'héritage paternel est également constatée par une charte d'Etienne de Blois, neveu et successeur d'Henri Ier, la maison hospitalière portait à cette époque le nom de St-Jean, et son fondateur n'était plus de ce monde. Cette charte, sans date, dont nous devons la communication à l'obligeance de M. Léopold Delisle, membre de l'institut et conservateur des manuscrits à la bibliothèque impériale, fut donnée à Falaise et est ainsi conçue :

Stephanus, rex Angiiæ, archiepiscopo rothomagensi et episcopis et abbatibus et comitibus et justiciariis et vice comitibus et omnibus fidelibus suis Normanniæ salutem : Sciatis quàm Robertus, filius Gonfridi in perpetuam concessit sancto Johanni et canonicis suis de Falesiâ finaliter eleemosynam tenere totam terram et quicquid ipse Gonfridus, pater suus, in vitâ suâ dederat ; et hoc fecit per xxxv marias argenti quas indè habuit, et ad ampliorem illius rei certitudine et stabilitatem mei assidavit concessu heredum suorum quod hoc teneret.

Cette charte est attestée par Jean, évêque de Lisieux, Gervais et Robert Cornet, dont les noms rappellent des donations faites à l'Hôtel-Dieu de Falaise, Vigor de Séez, Richard de Fouquanville, Ernest Multone, Guillaume Dufresne, et Vital, fils d'Amerland, ainsi que ses frères.

Ce document remonte sans doute à l'année 1139, époque à laquelle Etienne de
Blois devait être en Normandie pour défendre le duché dont il avait investi son fils,
Eustache de Boulogne, et que le duc d'Anjou, Geoffroy Plantagenest, époux de Mathilde, fille de Henri Ier, revendiquait les
armes à la main. On sait que dans ces circonstances, Falaise, après une longue résistance, se rendit au duc d'Anjou, qui chassa
Eustache de Boulogne et s'empara du duché
en 1443. La présence d'Etienne en Normandie dès 1137, la deuxième année de son
règne, est constatée par une charte de confirmation des donations et fondations du
prieuré de Sainte-Barbe en Auge, fondé
par Odon Stigaud ou Stégaud, qui abandonna à l'abbaye de Sainte-Trinité de
Caen ses droits sur les églises de Falaise ; cette charte fut donnée à Pont-Audemer.

Après la cession de son héritage, le fils du
prieur Gonfroy entra-t il dans la communauté, et se dévoua-t-il au service de Dieu
et des pauvres ? Les renseignements font
défaut à cet égard ; mais la façon d'agir de
Robert semblerait assez indiquer qu'il suivit
l'exemple de son père.

L'existence du fondateur de l'hôpital St-
Michel touchait à sa fin : mais avant que la
mort vînt le frapper, ce ne fut pas sans
une indicible satisfaction qu'il vit sa maison
prospérer, et le nombre des clercs augmen-

ter de telle sorte que la nécessité de construire une église plus vaste, un dortoir et
des infirmeries se fît bientôt sentir ; Gonfroy
fit appel à ses dernières forces et put prési-
der encore à la construction de ces bâtiments. La nouvelle église fut consacrée et
dédiée à saint Jean-Baptiste, en 1133, par
le même évêque de Séez, Jean de Neuville.
A partir de cette époque, le nom de Saint-
Jean resta définitivement attaché à la communauté. Nous verrons bientôt cette seconde église, dont la construction avait
été trop rapide et qui ne tarda pas à
menacer ruines, remplacée par une
troisième ; quant à la première, elle
subsista jusqu'au commencement du XVIIe
siècle.

A l'occasion de cette nouvelle consécration, Henri Ier, en 1133, par charte donnée
à Westminster, que son antique et vaste
abbaye, sépulture des souverains et grands
hommes anglais, a rendue célèbre, accorda
de nouvelles faveurs à la communauté, et
confirma les précédentes donations : sa charte
est attestée par Roger, évêque de Salisbury ;
Henri, évêque de Vincester ; Alexandre,
évêque de Lincoln ; Jean, évêque de Séez ;
Adel, évêque de Carlot ; Algare, évêque de
Coutances ; Safray, évêque de Chichester ;
Eudes, abbé de Caen ; Geoffroy, chancelier ;
Robert de Sigillo ; Robert, comte de Glocester ; William, comte de Varennes ; Robert, comte de Lyre ; Hugues, évêque d'An-

gers ; Hugues Bigot ; Raoul de Courcy, dont
la famille a laissé de si chevaleresques souvenirs dans nos annales normandes ; Onfroy
de Busch ; R. de Ver ; Milon Glocester ;
G..., fils Paynel ; Paynel, fils Jean : A. de
Ver ; Richard Bass ; Hamon de Falaise ;
Henri de Pont et William Glaston.

Henri Ier mourut deux ans après, en
1435.

Les auteurs et les documents manuscrits
ne sont point toujours d'accord sur la date
des événements relatifs à l'abbaye de Saint-
Jean ; le pillage des titres à diverses époques, leur transmission en différentes mains
et l'inexactitude de certaines copies ont dû
laisser des lacunes et introduire des erreurs
qu'il est presque impossible de combler et
de rectifier. Le lecteur voudra bien tenir
compte de la difficulté que présente, surtout pour une main inhabile et inexpéri-
mentée, la reconstruction d'un édifice dont
les matériaux les plus importants sont dé-
truits ou dispersés ; il nous permettra aussi
de constater, avec un profond regret, cette
désolante et irréparable conséquence des
guerres et des révolutions : l'homme intel-
ligent et honnête qui demande la suppres-
sion, l'anéantissement des abus, des priviléges et de la superstition, qui manifeste le
désir de voir la société s'avancer avec prudence dans la voie du progrès, trouve un
écho à ses vœux, à ses nobles aspirations ;
mais celui qui, ignorant ou mal inspiré, se

précipite comme un furieux torrent, sur des archives, ces bases de l'histoire, sur des objets d'art, ces témoins du génie humain, ne recueille que la pitié ou le mépris; c'est un assassinat moral que les historiens ne peuvent trop flétrir, car il paralyse leurs efforts, rend leurs recherches infructueuses et laisse dans une ombre épaisse des événements qui apporteraient avec succès leur part de lumière au soleil de l'histoire.

Perpétuer le souvenir, dans les limites de nos forces, d'un établissement qui, comme maison hospitalière, rendit de grands services aux malheureux, comme abbaye joua parfois un rôle important dans les affaires du duché, et qui enfin est un des points les plus intéressants de notre histoire de Falaise, tel est le but que nous nous proposons et que nous serions heureux d'atteindre. Toutefois, quel que soit le sort réservé à notre faible travail, nous ne devons pas moins exprimer ici toute notre reconnaissance aux personnes qui ont daigné nous prêter leur bienveillant concours, faciliter nos recherches, autoriser la communication de pièces et documents divers, et qui enfin nous ont honoré de leur sympathie; nous prions donc Son Excellence M. le duc de Bassano; M. Leguay, maire de Falaise; M. le Préfet du Calvados; M. Flandin, secrétaire général de la préfecture du Calvados; Mgr l'Evêque de Séez; M. Bellencontre, notaire, conseiller général; M. Châtel, archi-

viste du Calvados ; M. Trébutien, bibliothécaire à Caen ; M. Léopold Delisle, membre
de l'Institut ; M. de Caumont, directeur de
l'association normande ; M. Leboucher-Des-
vaux, de Falaise ; M. Tranquille Duchemin,
élève de l'école des chartes ; M. Blin, curé
de Durcet, M. Lebréton, secrétaire de l'é-
vêché de Séez ; M. Adolphe Lange, de Paris,
neveu de l'auteur des éphémérides normandes ; M. Gravelle-Désulis, archiviste de
l'Orne ; M. Dascier, secrétaire général de
l'évêché de Verdun ; M. le duc d'Harcourt ;
M. Le Prévost de Fourches, propriétaire à
Alençon ; M. Aimery, maire de Castillon ;
M. Destenay, imprimeur à Saint-Amand ;
M. le bibliothécaire de l'archevêché do
Rouen ; MM. les Secrétaires des évêchés de
Langres et de Bayeux ; M. le Secrétaire général de l'archevêché de Paris ; M. le bibliothécaire du Mans ; M. Canivet, archiviste
de la mairie de Caen ; M. le bibliothécaire
de Rennes ; M. Hervieu, maire de Villers-
Canivet ; M. Julien Travers, bibliothécaire
à Caen, et enfin M. Liard, imprimeur à
Domfront, qui a eu l'obligeance d'accorder
à ces documents historiques une place dans
les colonnes de son journal, etc.. etc.; nous
prions donc, disons-nous, ces Messieurs de
vouloir bien accepter nos remerciements
sincères, notre profonde gratitude et notre
entier dévouement, tant pour cet ouvrage
que pour ceux que nous espérons publier et
offrir successivement aux lecteurs.

Nous demandons pardon de cette digression qui, si elle n'est pas précisément à la place qu'elle devrait occuper, nous procure au moins la satisfaction d'un devoir sans retard accompli. La mort du prieur Gonfroy est fixée selon les uns au 25 octobre 1134, et selon d'autres à 1138. Le lieu de sa sépulture est resté complètement inconnu ; mais il nous semble que la maison qu'il avait fondée réclamait tout naturellement sa dépouille mortelle ; déposées au sein de la communauté, ces cendres vénérables devaient, en rappelant les vertus du généreux fondateur, entretenir sans cesse dans l'âme des chanoines le feu sacré de la foi et d'un zèle secourable.

L'existence de Gonfroy fut un long et sublime dévouement ; aussi ne peut-on rendre un hommage trop éclatant à la mémoire de cet homme de bien qui, au sein de la prospérité, sut ne pas oublier qu'il est de grandes souffrances et de sombres misères, et qui forma son association, non par esprit de parti, ni de tendance à la domination, mais bien par un sentiment de pure et délicate charité. La création de cet hospice est un titre de gloire incontestable ; et la ville de Falaise, par un monument plus durable que notre humble récit et nos faibles éloges, manifestera, nous n'en doutons pas, sa reconnaissance à celui qui en jeta les fondements, et qui, avec un admirable désintéressement, mit à la disposition

de l'infortune sa personne et ses biens. Que
son nom reste désormais attaché à l'une des
rues qui sillonnent l'ancien enclos de l'abbaye ! C'est le moins qu'on puisse faire. En
attendant il a pour marchepied vers la pos-
térité ses bienfaits et la reconnaissance des
malheureux.

1134. ROGER DE VITRY, 2ᵉ PRIEUR.

Gonfroy étant mort, les religieux de l'hospice Saint-Jean s'assemblèrent et choisirent
pour le remplacer Roger de Vitry, qui n'a-
vait cessé de donner des preuves de son dévouement et de son activité, et qui, continuant avec le même zèle et le même bonheur
l'œuvre de son prédécesseur fut bientôt entouré de la considération générale.

Les extraits des chartes de M. Léchaudé
d'Anisy, travail où nous avons puisé de
nombreux documents relatifs principalement aux donations faites à la maison
hospitalière, et qui, malgré certains reproches d'inexactitude, n'est pas moins une
source féconde de curieux détails, nous
montrent Roger de Vitry figurant, en qualité
de témoin, à une charte de confirmation de
dons sous le titre de : Prieur de Falaise.
Voici à quelle occasion :

Odon de Canon et ses fils ayant encouru
la disgrâce du roi d'Angleterre Henri Iᵉʳ qui
fit diriger des poursuites contre eux furent
sauvés par les chanoines du prieuré de Ste-

Barbe, en Auge. Voulant reconnaître l'immense service qui leur avait été rendu, ils donnèrent aux religieux toute la terre qu'ils possédaient à Mesnil-Mauger, et cette donation fut confirmée quelques années après par l'abel, le chambellan, fils de Guillaume de Tancarville et neveu d'Odon Stégaud ; c'est cette charte de confirmation qui fut attestée par le prieur de Saint-Jean, Richard de Percy, Guillaume de Montchauvet, Guillaume Achard et autres.

Le nom du supérieur de la communauté falaisienne nous rappelle un historien du XIIIe siècle, Jacques de Vitry, né à Argenteuil, qui fut d'abord chanoine régulier, puis curé d'Oignies, évêque de Ptolémaïs et de Tusculum et enfin cardinal. L'identité de nom et des aspirations semblables vers la religion nous portent à croire que ce prélat qui prêcha en Allemagne et en Belgique la croisade contre les Albigeois, et mourut en 1244 était un descendant du prieur Falaisien.

Ce fut, ainsi que nous l'avons dit, pendant l'administration de Roger de Vitry, que Etienne de Blois confirma les possessions de l'hospice, et que Geoffroy Plantagenest, en 1139, après de longs efforts et de nombreux revers, entra dans Falaise qu'avaient vaillamment défendue Richard de Lucey et Robert Marmion, et dont Gallerand, comte de Meulan, l'un des principaux seigneurs normands, avait conseillé la reddition. A cette époque, les moines de Saint-Pierre-sur-Dives ne furent maintenus dans la propriété et jouissance de leurs biens qu'en donnant une somme d'argent au vainqueur. Les mêmes conditions furent-elles imposées aux religieux de Saint-Jean ? Nous l'ignorons ; mais en tout cas cette contribution dut être bien minime, car les princes tenaient à ménager l'influence considérable des associations religieuses.

1140. GODEFROY DE PIERREFITTE, 3ᵉ PRIEUR.

La commune de Pierrefitte-en-Cinglais, que nous ferons mieux connaître aux lecteurs dans notre histoire de l'abbaye de Saint-André-en-Gouffern, a laissé peu de souvenirs historiques. Le nom du prieur de Falaise suffirait à sa gloire si elle pouvait revendiquer l'honneur de l'avoir vu naître. A-t-elle ce droit ? Nous le pensons sans l'affirmer. Ce serait en effet pour elle un honneur, car Godefroy étendit au loin la renommée des chanoines, prépara la transformation de l'hospice en abbaye sans porter atteinte au but et aux intentions charitables du fondateur, et assura la prospérité et la grandeur futures de la maison.

Bien que la direction de l'établissement nécessitât l'emploi de toutes ses forces physiques et morales, Godefroy de Pierrefitte se vit en outre chargé de la surveillance du prieuré de Bourg-Achard que Nivelon du Bosc venait de fonder et avait confié à quatre chanoines séculiers. Roger, frère du fondateur, trouvant sans doute que ces religieux ne remplissaient pas le but que Nivelon s'était proposé, manifesta vivement le désir de voir sa maison desservie par les chanoines de Falaise dont il connaissait la charité et l'intelligence administrative, et pria l'archevêque de Rouen, Hugues d'Amiens, de lui faire obtenir cette faveur. A la sollicitation de ce prélat, Godefroy de Pierrefitte autorisa le départ de quelques-uns de ses religieux et leur installation dans le prieuré qui, par la charte de confirmation de l'archevêque fut soumis à la visite et correction des prieurs de Falaise.

Eodem anno 1143, dit le *Gallia christiana*, fundationem Burgi-Achardi, anno præcedenti factam, subjure et imperio Priorum Falesiæ confirmavit. Sed postea cùm Falesiani canonici institutum præmonstratensium amplexi essent, canonici regulares Burgi-Achardi sui juris esse cœpere; et anno demum 1685, mense septembri, reformationi quæ dicitur Friardelli nomen dedere. In eo monasterio quod sub nomine sancti Laudi consecratum est, reformationis hujus superiores generales sedem suam figere consuevere.

Le fief du Bourg-Achard relevait du comte de Meulan qui confirma aussi la fondation du prieuré dont les armes étaient : *d'azur à un bâton écoté d'or, posé en bande, tenu par une main d'argent, vêtue d'or, mouvante en barre de l'angle sénestre du chef.*

En 1151, à la mort de Geoffroy Plantagenest, son fils Henri avait pris possession du duché de Normandie et était devenu roi d'Angleterre, sous le nom de Henri II, en 1154, époque à laquelle Etienne de Blois avait cessé de vivre. Petit-fils de Henri Ier, le nouveau monarque qui en 1152 avait épousé Eléonore, femme du roi de France Louis VII, suivit l'exemple généreux de son aïeul maternel en faveur des religieux de Saint-Jean.

Par charte donnée à Falaise, *anno ab incarnatione domini 1157 in christo consummatâ feliciter*, Henri II, en confirmant tous les biens de l'hospice tant en France qu'en Angleterre, accorda aux chanoines un droit annuel de foire durant six jours, tenant à la St-Michel et commençant trois jours avant cette fête pour finir trois jours après. A cette donation très-importante il ajouta la faculté non moins avantageuse de prendre dans la forêt de Gouffern tout le bois de chauffage et de construction nécessaire à l'établissement.

Cette charte fut attestée par Philippe, evêque de Bayeux, fils de Robert et de Collette d'Argouges, et dont le cartulaire de St-Jean, détruit ou égaré, faisait mention ;

Arnold, évêque de Lisieux; Girard, évêque de Séez; Rotrou, évêque d'Evreux, fils de Henri de Beaumont, comte de Warvic et de Marguerite ; Thomas Becket, chancelier, qui en 1162 devint archevêque de Cantorbery et fut assassiné en 1170 au pied de son autel, par suite de sa résistance opiniâtre à défendre les prérogatives de l'Eglise que Henri II voulait restreindre ; Richard, connétable ; Garin, fils Girard ; Manassès Biset ; Robert de Neufbourg ; Richard de Lucey ; Henri Pommeray; Guillaume Patry; Robert de Courcy et Guillaume d'Angerville.

Tous ces hauts personnages composaient, à n'en pas douter, la cour de Henri II pendant son séjour à Falaise.

Lors de la tenue de la foire Saint-Michel, les religieux, d'après leurs déclarations, avaient haute justice et droit de coutume ; leur sénéchal connaissait des causes dépendantes de cette foire qui est encore une des plus fortes de Falaise, mais qui ne dure plus qu'un jour. Le champ en herbe sur lequel elle se tient, portant le nom de Champ-St-Michel, s'étendait devant les murs de l'hospice et était beaucoup plus grand qu'il n'est aujourd'hui ; il était en labour et jardins et les chanoines le louaient à divers; en 1758 Jacques Marquet en était locataire.

Nous devons donc la foire St-Michel aux religieux de St-Jean, et nous croyons qu'il serait utile qu'une inscription gravée sur

une simple pierre, placée dans le champ,
rappelât ce souvenir historique. Ce moyen
appliqué à tous les faits importants de nos
annales nous permettrait d'apprendre en
nous promenant l'histoire de notre localité, intéresserait vivement le voyageur
et nous inspirerait à tous le respect du
passé et des monuments qui en attes-
tent la gloire. Nous appelons sur ce point
l'attention de l'administration municipale
et nous pensons que quelques centaines
de francs suffiraient pour obtenir ce résultat.

La création de cette foire augmenta les
ressources de la communauté ; l'évêque de
Séez, Girard, accorda des indulgences à tous
ceux qui feraient des aumônes à la maison
pendant la tenue de ladite foire et contribua
ainsi au bien-être des religieux et des
pauvres.

La Chronique de Normandie, dit M. de
Maurey d'Orville, présente l'évêque Girard
comme étant : *vir jucundus et admodum
litteratus;* saint Bernard, dans sa 247ᵉ Epitre
fait de lui un portrait tout différent ; il l'appelle : *homo fallax et sagiensis vulpeculus.*
C'est peu charitable de la part d'un saint ;
lorsque Girard fut sur le point de prendre
possession de l'évêché de Séez, l'abbé de
Clairvaux chercha à lui susciter de nombreux embarras ; il écrivit même au pape
Eugène pour que ce pontife NE SE LAISSAT
PAS TOUCHER PAR LA FIGURE PITEUSE DE CET

3

HOMME : « *Non ergo vos*, disait-il, *moveat hominis facies miseranda, vilis habitus, vultus supplex, demissa super cilia, verborum humilitas, sed nec ipsæ quidem lacrimulæ currentes, ut aiunt, ad nutum ejus, doctæ mentiri.* » Le St-Père ne tint pas compte de ces mauvais renseignements, et le diocèse de Séez s'en trouva bien, car Girard se montra toujours animé de cet esprit de conciliation qui fait les prélats vraiment grands et dignes.

Telle était la situation de la maison hospitalière à laquelle la mère de Henri II avait aussi donné un moulin à la porte de Bocey lorsque Godefroy de Pierrefite mourut, vers 1158.

———

1158. ROBERT Ier, LE MAIRE OU DE MÉRÉ, 4e ET DERNIER PRIEUR ET 1er ABBÉ RÉGULIER.

Sept ans avant la création de l'hospice de Falaise, c'est-à-dire en 1120, saint Norbert avait fondé à Prémontré, diocèse de Laon, département de l'Aisne, un ordre ayant pour objet la réforme des chanoines réguliers de saint Augustin. Appartenant à l'une des plus illustres familles de l'Allemagne, Norbert naquit à Santen, dans le duché de Clèves, en 1085 selon les uns, en 1092 selon d'autres. Après avoir fait de brillantes études, il se rendit à la cour de l'empereur Henri V et se livra entièrement à toutes les

jouissances que la jeunesse et la fortune
sèment à profusion sous les pas de leurs fa-
voris ; mais son âme ne tarda pas à se re-
froidir sous cette pluie de roses et de par-
fums ; ayant failli périr dans un orage et
attribuant son salut à la clémence suprême,
il comprit que la vie avait un but plus noble
et plus élevé que le plaisir et il résolut de
s'imposer des privations et de vivre dans un
monastère. Il quitta la cour, et se rendit
pieds nus à Rheims où le pape Calixte II
tenait un concile. Informé de sa détermination, Calixte le recommanda à l'évêque de
Laon qui l'emmena avec lui et l'autorisa à
choisir dans son diocèse un endroit où il
pût mettre librement à exécution ses projets
de recueillement. Après avoir exploré le
pays, Norbert se fixa dans le vallon de Prémontré. Son existence solitaire et pleine
d'austérité attira bientôt l'attention, et
quand sa voix se fit entendre, on vit quarante ecclésiastiques et quelques laïques se
grouper autour de lui et s'inspirer de sa
morale et de ses vertus. Norbert jeta alors
les fondements de sa communauté, et donna
à ses disciples, qui promirent solennelle-
ment de l'observer, la règle de saint Augustin.

Telle fut l'origine de l'ordre de Prémontré.

Norbert se rendit à Rome et obtint du
pape Honoré II la confirmation de son ordre
qui prit une extension rapide dans le monde

chrétien. Au dernier siècle l'ordre de Prémontré comptait 1,300 monastères d'hom -
mes et 400 de femmes ; la Normandie en
possédait onze ; c'étaient, dans le diocèse de
Rouen : le Marché-Raoul, Bellosana, Ressons et l'Ile-Dieu. Dans le diocèse de
Bayeux : Ardenne et Belle-Etoile. Dans le
diocèse d'Avranches : La Luserne. Dans le
diocèse de Séez: St-Jean-de-Falaise et Silly.
Dans le diocèse de Lisieux : Mondée. Enfin
dans le diocèse de Coutances : Blanche-
Lande. Le diocèse d'Evreux ne possédait
point d'abbaye de cet ordre.

Appelé à l'archevêché de Magdebourg en
1126, Norbert confia la gestion de son monastère à l'un de ses disciples, Hugues, qui
devint plus tard abbé de Prémontré et supérieur général de l'ordre. Norbert fut
ensuite nommé primat des Deux-Saxes et
mourut en 1134 après avoir rendu de grands
services à l'Eglise pendant le schisme qui
s'était élevé à la mort du pape Honoré II;
Grégoire XIII, en 1582, le canonisa, et sa
fête a lieu le 6 juin.

La règle choisie par Norbert imposait de
sévères obligations : Ceux qui en faisaient
profession menaient une vie de pénitence
et de pauvreté. Ils portaient d'humbles vê-
tements souvent composés de plusieurs pièces. Ils jeûnaient en tout temps, ne faisaient
qu'un seul repas par jour et ne mangeaient
jamais de viande ; le silence était continuel,
et le soulagement des malheureux était un

de leurs principaux devoirs. Des faveurs spéciales des papes adoucirent plus tard la rigueur de ces divers statuts dont les abbés eux-mêmes surent à l'occasion s'affranchir.

C'était partout, dit un auteur, un empressement merveilleux de s'engager dans l'ordre que Norbert venait de fonder ; les religieux de Saint-Jean suivirent cet élan et, d'un commun accord, chargèrent leur nouveau prieur, Robert de Méré, que l'abbaye de St-Josse avait compté au nombre de ses religieux, de demander au St-Siége et à l'évêque diocésain l'actorisation d'appartenir à l'ordre de Prémontré qui déjà comptait 39 ans d'existence. Pour eux la sévérité de la règle n'était point un obstacle ; ils la pratiquaient depuis leur institution comme hospitaliers. En 1159 le pape Alexandre III et l'évêque de Séez, Froger, qui cependant était complètement opposé à la règle de saint Augustin, accueillirent favorablement la requête des chanoines de Falaise. Ceux-ci quittèrent alors le vêtement noir, et Adam, abbé de St-Josse en Ponthieu, délégué à cet effet, leur donna le froc blanc.

C'était l'époque des fêtes de Noël ; le roi d'Angleterre Henri II et la reine Eléonore, son épouse, se trouvaient à Falaise où ils tenaient leur cour plénière et établissaient divers réglements relatifs à l'administration de la justice, à la punition des crimes et au maintien des propriétés. La présence du monarque était une occasion qu'il ne fallait point laisser échapper, car la communauté falaisienne n'avait pas encore atteint complétement le but qu'elle se proposait ét que ses ressources et la faveur dont elle jouissait lui faisaient ambitionner. La maison avait jusqu'à ce jour porté le titre d'hospice, et depuis quelque temps déjà celui d'abbaye sonnait agréablement aux oreilles des religieux. La demande d'érection fut ausssitôt accordée que faite : au mois de mai de l'année 1160, Henri II érigeait l'établissement en abbaye, et, sur la prière et à la grande satisfaction des chanoines, accordait le titre d'abbé au prieur Robert de Méré. Quant à la maison hospitalière, elle fut maintenue et fonctionna comme avant l'érection. Deux ans après, par une nouvelle charte, donnée également à Falaise en présence du chancelier Thomas Becket et des évêques de Bayeux, Lisieux, Séez, Evreux et Coutances, Henri II fit encore de grandes libéralités à l'abbaye (*multa largitus est cœnobio Falesiæ*).

L'abbé, du mot hébreu, *ab*, père, était ainsi qu'on le sait, élu par la communauté entière ou par la partie la plus saine de la communauté. Si le choix n'était pas convenable, l'évêque intervenait et procédait lui-même à la nomination. Dans les trois mois de son élection, l'abbé devait être béni et confirmé par l'évêque ou par d'autres abbés désignés *ad hoc* ; et le monastère était soumis à la visite du chef du diocèse, qui veillait au bon ordre et réunissait chaque année en synode tous les abbés de sa circonscription. Dans l'origine, l'autorité des abbés était toute fondée sur la charité ; plus tard, ils exercèrent, dit M. Durand de Maillane, une sorte de juridiction coercitive sur tout le gouvernement monastique : ils instruisaient les religieux et leur infligeaient certaines punitions ; mais ils devaient toujours les guider avec douceur et prudence. L'abbé avait un conseil pour les questions ordinaires ; dans les circonstances graves, il réunissait la communauté tout entière pour connaître son avis. L'assemblée des chanoines pour les délibérations ainsi que le lieu de la réunion portaient le nom de Chapitre ; on distinguait trois sortes de chapitres: le *général*, où se traitaient les affaires de tout l'ordre: le *provincial* pour la province; et le *conventuel* pour un monastère particulier. Tous les trois ans se tenaient des chapitres généraux, où tous les abbés de l'ordre étaient tenus de se rendre aux frais de chaque monastère. Là, on choisissait les plus recommandables pour visiter les communautés, y opérer les réformes nécessaires, et même destituer le supérieur. Louis XI, par ordonnance du mois de septembre 1476, défendit aux religieux de sortir du royaume pour assister aux chapitres généraux. L'abbé ne pouvait engager les biens de la communauté sans l'autorisation de l'évêque, ni les partager avec ses religieux. Le concile d'Auch, en 1308, le défendait expressément; les acquisitions et les donations étaient la propriété de tous. Nous verrons plus tard ces sages institutions méconnues.

L'abbaye de Saint-Jean se trouva constituée dans les conditions les meilleures et sous les plus favorables auspices. Elle eut un prévôt, un sénéchal, un doyen pour la discipline dn chœur, un frère cellerier qui s'occupait des malades, des enfants, des hôtes et des pauvres, mais qui plus tard n'eut plus que le soin de la cave et des provisions ; les offices d'infirmier, d'hospitalier, d'économe et de trésorier furent un démembrement de cette charge. Elle eut encore un sacristain, un portier, des chantres et divers autres officiers ou employés que le chef de la communauté nommait et révoquait à son gré.

L'abbé devait veiller à la conservation des intérêts moraux et matériels de l'association ; aussi voyons-nous entre les religieux comme entre les laïques s'élever de fréquentes contestations ayant pour objet quelques parcelles de terrain.

Robert de Méré eut avec Gillebert, abbé de Troarn, dans le diocèse de Bayeux, une difficulté au sujet du fief Wauman, dit le fief Labbé, situé sur Falaise et Guibray. En 1170, les parties consentirent à une transaction que l'archevêque de Rouen, Rotrou, sanctionna et cimenta par une convention définitive. L'abbaye de Troarn, fondée ou réorganisée par le vicomte de Falaise, Roger de Montgommery, avait été confirmée dans la possession de ces biens par charte de Henri II, ainsi que le constate un vidimus du roi de France, saint Louis, en date à Paris de l'année 1269. Le passage de ce vidimus est ainsi conçu : « In Falesià totam ter- « ram Wesmànni et consuetudines ejus ad « regem pertinentes, etc. »

La pièce qui rappelle l'accord primitif arrêté entre les deux abbés est revêtue du sceau du chapitre de Saint-Jean. Ce sceau, dans son champ de forme ovale, représentait un saint Jean-Baptiste debout, la main droite étendue, et la gauche tenant un livre; ainsi, dès 1170 et sans doute avant, le chapitre avait son sceau. Quant aux armes de l'abbaye, elles étaient *de gueules à un agneau pascal, la tête couronnée d'argent, la banderolle d'or à une fleur de lys du même, au canton dextre du chef.* Nous ne savons à quelle époque ni par qui elles furent données au monastère.

En 1171, nous voyons encore Robert de Méré faire quelques échanges avec Robert Ier de Saint-Pancrace, abbé de Cormeilles, dans le diocèse de Lisieux. Les religieux de Cormeilles avaient des droits sur *l'hôtel fort de Falaise,* que le roi d'Angleterre, Henri V, fit démolir en 1418, lorsqu'il se fut rendu maître de la ville. Le nom de l'abbé de Cormeilles était cité dans le cartulaire de Saint-Jean en 1171, à l'occasion sans doute des échanges en question. Il avait été nommé abbé de Corneilles la même année que Robert de Méré avait été mis, comme prieur, à la tête de la maison de Falaise.

A cette époque, en 1171, nous perdons les traces du premier abbé de Saint-Jean.

Guillaume de Montgommery, qui avait été vicomte et gouverneur de Falaise, mourut cette même année, 1171, et fut inhumé dans l'abbaye de Saint-André-en-Gouffern, qu'il avait fondée.

— — —

1171. — ROBERT II TAON ou THON.

La deuxième église élevée par le fondateur Gonfroy menaçant ruine, Robert Taon fit jeter les fondements d'une troisième là où est établie aujourd'hui la rue dite des Prémontrés, tendant du champ St-Michel à la ruelle du Grand-Coq. Ce monument, que nous nous réservons de décrire, après avoir traversé six siècles, s'écroula à la révolution sous la pioche des spéculateurs.

Robert Taon occupa peu de temps le siège abbatial de Falaise : *Robertus Taon*, dit le Gallia, *abbas sancti Johannis depositus est.* L'abbaye de Silly, au diocèse de Séez, lui ouvrit ses portes et l'admit au nombre de ses religieux. Cette abbaye, fondée par le chevalier Dragon, portait aussi le nom de Ste-Marie-de-Gouffern. Lors de la fondation. en 1187, de l'abbaye de l'Ile-Dieu, dans le diocèse de Rouen, ce furent des religieux de Silly qui constituèrent cette nouvelle communauté, et Robert Taon en fut le premier abbé ; mais là, comme à Falaise, il ne fit que passer :

Robertus Thahum, dit encore le Gallia, *seu Thon aut Taon, anteà Falesiæ abbas, Insulam-Dei, ad quam cùm tribus aliis canonicis delegatus fuerat, parumper tenuit. Posiquam enim duos ex suis loci pertæsos vidit ad sua revertentes, pertæsus et ipse rogavit capitulum generale a regimine absolvi, et absolutus est anno circiter 1188.*

117... — FOULQUES DE LONGUETH.

Foulques de Longueth succéda à Robert Taon dans le gouvernement de l'abbaye, et fit continuer les travaux de l'église. Pendant son administration, de nombreuses donations furent faites à la communauté : Guillaume Broot et son épouse donnèrent des maisons et terres sises à Falaise, à Condé et au delà; Thomas Kaiole et Richard Lasne firent don de leurs terres de Crocy et de Valépine ; Robert Cornet et autres se dessaisirent en faveur des religieux de masures et terres situées à Falaise, des terres de Villers, de Clinchamps et du Plantis avec toutes leurs dépendances ; Fouques du Merle, seigneur de Couvrigny, qui était gouverneur de Falaise vers 1150, abandonna à l'abbaye les terres de Couvrigny, un moulin, les montures du Bû, de Noron et des Loges (de Noreio et Logno), et une pâture annuelle pour quarante porcs dans le bois Pantou.

Cette forêt, peu éloignée de Falaise, avait indubitablement reçu son nom du chevalier Guillaume Pantou auquel ainsi qu'à son épouse Lééline le prieuré de Noron dut sa prospérité et probablement son origine. En 1074, lorsque quelques religieux de Saint-Evroult se disposèrent à aller habiter le monastère qui était une dépendance de leur abbaye, Pantou leur remit quarante marcs d'argent ; puis, d'après le conseil de Mainier, abbé de St-Evroult, son ami, et avec le consentement du vicomte de Falaise, Roger II de Montgommery, il donna les églises de Noron, dédiées l'une à saint Pierre, et l'autre à saint Cyr, avec la dîme de la paroisse, celle du moulin, etc.; il concéda en outre à St-Pierre de Noron toutes les églises et dimes dont il pourrait disposer tant en Angleterre qu'en Normandie. Ces donations ainsi que la fondation du prieuré furent confirmées en 1128 par le roi d'Angleterre : *Concedo etiam*, disait le monarque dans sa charte confirmative des diverses donations faites à Saint-Evroult :

« **Et** confirmo eisdem monachis, ad petitionem dilecti et fidelis mei Willelmi Pantol, prioratum sancti Petri de Nor... cùm manerio et nemore, et Plesseicéto, et hominibus, et terris, et pratis, aliisque pertinentiis suis, et ecclesiam santi Cyrici cùm decimis et terris, aliisque pertinentiis suis, et medietatem molendini ejusdem villæ cùm moltà, et totum molendinum de helmet. »

Les moines de Saint-Evroult occupèrent le prieuré de Noron jusque vers le milieu du dernier siècle ; à cette époque l'abbé les rappela au sein de la communauté-mère, et fit valoir le domaine par des fermiers jusqu'à la révolution.

Après avoir abandonné la majeure partie de ses biens, Guillaume Pantou, accompagné de son neveu, Robert de Corday, partit pour la Pouille ; mais faussement accusé de l'assassinat de Mabille de Bellême, il revint en toute hâte, demanda à subir l'épreuve du fer chaud et confondit ses accusateurs. Il retourna alors dans la Pouille, et en rapporta en 1092 les reliques de Saint-Nicolas que l'abbé de Saint-Evroult, et Roger d'Escures, abbé de Séez et depuis archevêque de Contorbéry enfermèrent dans une châsse d'argent, et déposèrent avec une grande pompe dans l'église St-Pierre-de-Noron. Les évêques de Séez, Robert de Rie, Girard, Serlon et Jean de Neuville occupèrent le prieuré de Noron avant leur élévation à l'épiscopat. Robert-le-Chauve, Goisfred, Ascelin et plusieurs autres moines recommandables y donnèrent aussi, selon Ordéric Vital, l'exemple de leurs vertus. La description de la commune de Noron dans la statistique de l'arrondissement de Falaise par M. Galeron nous dispense de plus amples détails.

La donation de Fouques du Merle à Noron en faveur des religieux de St-Jean ne doit point nous su prendre ; car parmi les seigneurs normands qui se distinguaient en Sicile au xiᵉ siècle, on retrouve un Guillaume du Merle, seigneur de Noron. Cette puissante famille qui se rattache encore à l'histoire militaire du berceau de Guillaume possédait de grands biens dans le pays.

Fouques du Merle fit également don de la chapelle de Couvrigny ; une copie de sa charte de donation existe dans les archives de l'abbaye :

Universis sanctæ matris ecclésiæ filiis tàm longè adstantibus quàm propinquis Fulco de Merula, sciant omnes quorum intellectui..... patebit sententia, quod ego Fulco, pro salute animæ meæ et parentum meorum et incolumitate meâ et natorum meorum.... dedi et... in eleemosynam concessi ecclésiæ sancti Joannis de Falesiâ capellam de Couvrigny... etc.

La donation des terres et fiefs de Vaux et de Monthardy remonte aussi à cette époque. Alvérède, qui tenait ces possessions de son aïeul Alvérède et de son père Bernard de Vaux, les donna à perpétuité et sans aúcunes réserves à l'église de St-Jean, et se rendit à Argentan où se trouvait l'évêque de Séez, Froger, pour remettre entre les mains de ce prélat les titres de propriété. L'évêque, par un acte qui paraît, dit M. d'Anisy, ne pas avoir été scellé, et ne porte point de date, fit connaître les intentions et les libéralités du donateur ; cette déclaration fut attestée par Jean, archidiacre d'Exmes : Gautier, chanoine de Ste-Barbe-en-Auge ; Nicolas, prêtre d'Argentan ; Pierre, de Coutances ; Guérard, vicaire ; Raoul et Remy, d'Argentan ; Herbert, diacre ; etc., et elle fut déposée dans l'abbaye de Cormeilles.

. Jean de Montgommery, comte d'Alençon, fils de l'ancien gouverneur de Falaise, Guillaume de Montgommery, augmenta l'importance du don d'Alvérède par la concession, moyennant cent sols manceaux pour lui personnellement, un anneau d'or pour la comtesse, et un bizantin d'or pour son fils, de ses bois et terre de Vaux, biens appartenant depuis longtemps à sa famille. Ce domaine était compris entre le chemin des Planches, la chaussée, Bufolet, la roche assise au sommet de la colline et le ruisseau *quantum etiam refluxus aquæ occupat vel in futurum occupabit.* Sa charte sans date, mais qui, selon l'abbé Langevin, aurait été donnée en 1174 fut attestée par Gilles de Bailleul, Hermeré des Loges, Robert de Co-

tentin, Hugues de Vielle, Ragulf Clinard et
autres. Le comte Jean, qui mourut à Alençon
le 24 février 1191 et fut inhumé dans l'abbaye de Perseigne, au diocése du Mans,
avait épousé Beatrix d'Anjou, fille unique
d'Hélie d'Anjou, second fils du roi de Jérusalem et de Philippe du Perche.

L'abbé Langevin, dans ses recherches historiques sur Falaise, raconte que les druides
du bois de Vaux avaient de grands droits
sur la ville, le jour de la fête de Theutatès ;
qu'après eux, la maison de Montgommery
eut l'exercice de ces droits, et qu'enfin les
religieux de saint Jean, d'après une note
manuscrite, eurent annuellement à cause
du fief de Vaux, seigneuries dans Falaise et
Guibray pendant sept jours. Le même auteur, dans ses notes sur les Druides et sur
les monuments celtiques des environs de
Falaise qu'il avait visités et étudiés avec une
minutieuse attention a cru retrouver dans
la chaîne de rochers de Vaux la roche mys-
térieuse d'Isis, la fontaine druidique de la
féerie ou Foirie, la grotte sacrée de Mercure
Theutatès, connue sous le nom de maison
des Fées, et un vaste autel dont la table est
une roche brute, etc. Nous ne suivrons point
l'honorable historien dans ses longues et
savantes descriptions, dans ses apprécia-
tions, fondées, sans doute, sur ces monuments symboliques ; mais nous croyons fer-
mement comme lui à l'existence de ces dol-
men et de ces menhirs qui, de l'aveu de

tous les savants, rappellent presque à chaque pas le culte et les mœurs des Gaulois,
nos aïeux. Nous aborderons ce sujet plus
amplement dans notre notice sur l'antiquité
de Falaise.

Sur leur domaine de Vaux les religieux
de saint Jean firent construire un manoir
et une chapelle qu'ils desservirent eux-
mêmes et que l'on voit encore, transformée
aujourd'hui en maison d'habitation à peine
habitable, à l'entrée du hameau de St-Clair,
sur le bord à gauche de la grande route de
Falaise à Argentan. Cette chapelle fut placée sous l'invocation de Saint-Clair, et les habitants du hameau y venaient sans doute
entendre la messe. Ce bâtiment que les gens
de l'endroit appellent encore aujourd'hui *la
Chapelle*, appartient à des héritiers Brunet. Les fabriques des paroisses de la ville
devraient, par esprit de conservation, faire
l'acquisition de cette masure qui engloutira
bientôt sous ses ruines un souvenir de plus ;
quelques réparations peu coûteuses prolon-
geraient son existence.

En 1319 Jean le Comte et Jehanne, sa
femme, fille de Pierre Aumont, reconnurent
devant le vicomte de Falaise qu'ils devaient
sur leur propre terrain *une voie de trois
pieds de largeur* pour que les Prémontrés de
St-Jean puissent se rendre à leur manoir
de Vaux.

D'après les déclarations et aveux de l'abbé
régulier Guillaume III, faits devant Guil-

laume le diacre, vicomte de Falaise, le 26
septembre 1390, et ceux de l'abbé commendataire, Ambroise d'Orsonvilliers, passés en
1548, le fief noble de Vaux, contenant cin-
quante ares, s'étendait principalement dans les
paroisses de Falaise, la Hoguette, St-Pierre-
du-Bû et St-Martin-du-Bû ; il consistait en
maisons, cour, jardin, pré, pâtures, bois,
buissons, bruyères, landes, rochers, la
Chapelle-St-Clair, et deux petits étangs. En
1563, lors des ventes ecclésiastiques, le domaine de Vaux fut aliéné et passa dans les
mains de M. de Saint-Clair ; il ne fut retiré
qu'en 1607. Un magnifique plan de ce domaine est conservé aux archives du Calvados.

A la donation des terres de Vaux, Jean de
Montgommery ajouta : *terras arcenarum*,
que l'abbé Langevin traduit ainsi : les terres
des Arcènes ; l'orthographe du mot latin
nous semble avoir été altérée ; nous croirions plutôt qu'il s'agit des terres d'Eraines
(*arenarum*). Il donna également les terres
et masures *villæ perditæ* (de ville perdue,
Perteville), et du Saussay ; on sait que les
Montgommery possédaient un petit château
à Perteville, hameau de la Balanderie, et
que le Saussay était et est encore une
dépendance de cette paroisse : le même
donateur abandonna encore : *decimam
olmei, Waipre (Guépré) Burgensis, Beia-
rum et duas quarbas de decimâ feudi Ful-*

conis de Bazoches apud Belmisium (Beau-mais).

Guépré est une commune du canton de Trun. La quatrième partie du moulin de cette localité fut donnée à l'abbaye par Richard de Guépré, du consentement de son fils Richard qui en 1221 confirma la donation de son père, et abandonna toutes les terres qui dépendaient de son fief, ainsi que celles que lui avait léguées Jean de Guépré, son oncle. Une autre partie du même moulin fut concédée par le chevalier Robert de la Poterie, Garin Perteloup, de la paroisse de Guépré, donna aux religieux moyennant quinze sols tournois de rente un acre et demi de terre sis au Buisson et au Champ-Louvel.

Ce fut Foulques de Bazoches, dont le nom vient d'être cité, qui accorda à l'abbaye le droit de présentation à l'église de Ste-Marie de Beaumais, ainsi que deux gerbes de la dîme de cette paroisse qu'il tenait féodalement de Henri de Beaumais ; ce dernier, par une charte sans date, revêtue de son sceau en cire blanche, confirma la donation de Foulques, et nous voyons figurer à cet acte, en qualité de témoins : Milon de Brignone ; Robert de Beaumais ; Roger, son fils ; Samson de Beaumais ; Raoul, clerc de Vendœuvre ; Pierre de Cantepie ; Richard de Vaux et autres.

L'évêque de Séez, Lisiard, confirma lui-

même plus tard cette donation dans les termes suivants :

« Lisiardus, dei gratiâ sagiensis episcopus, universis sanctæ matris ecclesiæ filiis,
etc., ad omnium notitiam fidelium volumus
pervenire quod cum patronus ecclesiæ sanctæ Mariæ de Bellemest ad ecclesiam et ca-
nonicos sancti Joannis de Falesiâ pertineret,
nos intuitu pietatis et misericordiæ, et spe
retributionis æternæ, salvo jure episcopali,
dictam ecclesiam sanctæ Mariæ de Bellemest
dedimus et præsenti chartâ confirmavimus
ecclesiæ sancti Joannis de Falesiâ et canonicis ibidem deo servientibus habendam in
perpetuum integre cùm omnibus pertinentiis
suis ad sustentationem ipsorum et pauperum quos pro amore Christi suscipiunt. Con-
cessimus insuper iisdem canonicis ut sine
omni donatione liceat eis sive per ipsos
sive per vicarios honestos in supradictâ ecclesiâ divinâ celebrare et saluti animarum... etc.

En 1215, Marguérite, veuve de Henri de
Cuverville, et fille de Mathieu de Beaumais,
confirma la donation de la dîme.

Les sires de Beaumais ont laissé un nom
dans l'histoire ; l'un accompagna Guillaume
à la conquête de l'Angleterre ; un autre devint évêque de Londres en 1127. La paroisse de Beaumais dépendait du doyenné
de Falaise avant la révolution ; son église
romane appartient à l'époque du Conqué-

rant, et offre de curieux détails d'architecture.

Les abbés de Saint-Jean, en vertu des droits de présentation qui leur furent successivement conférés, tant à Beaumais que dans les paroisses de Boucey, Bailleul, Saint-Hilaire, Corday, Loucey, Commeaux, Avesnes, Saint-Martin-du-Bû, Saint-Pierre-du-Bû, Fourneaux, Mesnil-Hermey et St-Pavin, choisirent fréquemment les curés parmi leurs religieux ; les évêques leur avaient accordé cette faculté.

Nous aurions désiré pouvoir nous procurer une liste complète des curés présentés par l'abbé de St-Jean dans chaque paroisse, et déterminer l'époque précise de la concession de chaque droit de présentation ; la destruction des papiers et registres, et l'absence de date sur presque toutes les chartes des donateurs ne permettent point d'atteindre complètement ce but.

Les curés de Beaumais furent :

Avant 1489 Jean Moraud.
    1489 Erembert.
    »» Gonfroy Judon.
    1517 Georges Callu.
    1519 Bertrand-la-Souche.
    1519 Gilles de Fribois.
    1533 André Marie.
    1547 Jacques de Sousmont.
    1547 Gonfroy Tabarin.
    1550 Raoul Marescot.

Avant 1557 Jacques Levendangeur.
      1585 Nicolas Ursel.
      1616 Maurice Lemoine.
      1626 Thomas Dupont.
      1630 Pierre Malherbe.
      1638 Joseph Belin.
      1639 Etienne Heron.
      »»   Joseph Belin.   (reparaît).
      1684 Joseph Brière.
      1688 Alexandre Chollet.
      »»   Norbert le Harivel.
      1696 Denis Belin.
      1707 Pierre Geslin.
      1710 Léonard Capelle.
      1711 François Rouxel.
      1719 Norbert Leroux.
      1723 Louis Bedelle.
      1723 Etienne Basset.
      1739 Pierre le Harivel.
      1756 Julien Déliée.
      1778 Charles Fenien.
 1783-1789 Marin Bellamy.

Richard, vicomte de Beaumont, affranchit les chanoines de St-Jean de tous droits de coutume dans ses domaines. Il accorda la même faveur aux religieux de St-Etienne de Caen, pour le salut de son âme et de celles de Roscelin, son père, de Constance, sa mère, de ses ancêtres et de ses parents ; les évêques de Lisieux et de Bayeux attestèrent la charte d'exemption au bénéfice de l'abbaye de Caen. Nous verrons ailleurs le même vicomte confirmer diverses donations faites à l'abbaye de St-André-en-Gouffern.

D'après le Gallia Christiana, l'abbé de St Jean, Foulques la Longueth, termina sa carrière en 1177.

1177. — WALTER ou GAUTIER I.

Roland Rainuce, connu sous le nom d'Alexandre III, occupait depuis 1159 le trône pontifical. Le commencement du règne de ce pontife n'avait point été exempt de difficultés, de querelles et de combats : l'Empereur d'Allemagne, Fréderic Barberousse, lui avait suscité trois compétiteurs, et avait entrepris contre les cités Guelfes, dont le pape s'était déclaré protecteur, une guerre à outrance. En 1160, Alexandre III l'avait excommunié, et l'avait vu, après la défaite de Lignano, en 1176, s'humilier et baiser ses pieds. En 1177, les deux souverains se réconcilièrent ; la paix se trouva momentanément rétablie, car la querelle des investitures n'était pas complètement éteinte, et le pape Alexandre put alors plus librement s'occuper des grands intérêts de l'église et venir en aide aux besoins particuliers de ses sujets.

En 1179, il tint le troisième concile de Latran, composé de 302 évêques ; il y montra tant de libéralité, d'intelligence et de fermeté, que son nom fut chéri et respecté. Les canons de ce concile condamnèrent les

hérésies des Vaudois et des Albigeois, rétablirent la discipline monastique et ecclésiastique, défendirent aux évêques les exactions et les appropriations, et interdirent
toute rémunération pour les sépultures,
mariages, etc. ; les religieux des différents
ordres ne purent demander d'argent pour la
réception d'un novice : les règlements pour
la continence des clercs, leur éloignement
des affaires et des fonctions séculières furent
renouvelés ; enfin les tournois furent dé-
fendus, et l'observance de la trève de Dieu
spécialement recommandée.

Après avoir ainsi établi les bases sur les-
quelles il entendait asseoir son autorité spirituelle, le pontife se tourna vers ses fidèles
et ne cessa de leur montrer un visage affa-
ble et bienveillant.

Dans le cours de la même année 1179,
Gautier I étant depuis deux ans déjà abbé
de St-Jean, le pape Alexandre, pendant son
séjour à Velletri, expédia à l'abbaye de
Falaise une bulle confirmative de toutes les
possessions du monastère. Les noms des donateurs et la nature des donations y sont
relatés, et on y voit aussi figurer le don fait
par Guillaume Crassus ou Legros, qui était
ou devint sénéchal de Domfront, d'un septier de froment à prendre chaque année sur
son moulin de Falaise ; le même Guillaume
Legros, par charte de l'an 1178, et dont la
bulle pontificale ne fait pas mention, donna
encore un septier de froment, mesure de

Falaise, à prendre sur son moulin de Cully, dans le canton de Creully ; cette donation fut faite en présence de l'abbé et de tous les religieux de la communauté, et elle fut attestée par Guillaume Crassus, fils aîné du donateur, ses frères Robert et Henri, Raoul Breton, Guillaume de St-Pierre, prêtre, et Serlon, son chapelain.

Nous citerons quelques passages seulement de la bulle d'Alexandre III :

Alexander, episcopus servus servorum Dei, dilectis filiis : Galtero, abbati Sancti Joannis de Falesiâ, ejusque fratribus tàm præsentibus quàm futuris regularem vitam professis in perpetuum..... apostolicum convenit adesse præsidiùm ne fortè cujus libet temeritatis incursus aut eos a proposito avocet, aut.....; ea propter, dilecti in domino filii. vestris justis postulationibus clementer annuimus, et præfatam ecclesiam in quâ divino mancipati estis obsequio, sub beati Petri et nostrâ protectione suscipimus et præsentis scripti privilegio communimus, imprimis siquidem statuentes ut ordo canonicus qui secundum Deum et beati Augustini regulam atque institutionem præmonstratensium fratrum in eàdem ecclesià institutus esse dignoscitur perpetuis ibidem temporibus inviolabiliter observetur. Pretereà quascumque possessiones, quæcumque bona præfata ecclesia impræsentiarum rationabiliter possidet, aut in futurum concessione

Pontificum, largitione regum vel principum oblatioue fidelium, seu aliis justis modis, præstante domino, poterit adispici, firma vobis vestris que successoribus et illibata permaneant, etc., etc.

Par la même bulle Alexandre III exempta les chanoines des droits de dîme pour tous leurs biens, et défendit expressément qu'aucune sentence d'interdit, d'excommunication ou de suspension fût lancée sur les églises ou contre les religieux de Saint-Jean sans une cause majeure et d'une incontestable évidence.

Ce ne fut pas seulement envers l'abbaye de Falaise que le Pontife manifesta sa bienveillance ; tous les monastères, à quelque ordre qu'ils appartinssent, lui étaient également ment chers. Il permit aux abbés d'administrer tous les sacrements dans leurs églises ou chapelles à leurs fermiers et autres serviteurs, et il défendit aux évêques diocésains de les troubler dans l'exercice de ces droits; il confirma les religieux de St-Etienne de Caen dans la jouissance des dîmes de Cambes et d'Hérouville, et leur accorda divers privilèges ; il prit leur abbaye sous sa protection spéciale et ordonna aux évêques de ne lui intenter des procès qu'après l'avoir rendu juge des questions en litige.

Un fléau terrible, la lèpre, dévastait l'Europe à cette époque. Apportée d'Orient par les Croisés, cette cruelle maladie faisait de grands ravages, et Falaise, comme ses sœurs de France, eut à combattre ce nouvel et redoutable adversaire. En 1178, la charité des habitants de la ville éleva à Guibray une léproserie où les malades reçurent les soins qui leur étaient nécessaires ; nous consacrerons quelques pages spéciales à cet utile établissement. Dans l'origine les léproseries n'avaient ni églises ni cimetières, Alexandre III les autorisa à en faire construire et établir, et permit aux lépreux d'avoir un prêtre particulier.

Nous pensons que ce fut pendant l'administration de l'abbé de St-Jean, Gautier I, que Roger de Luignor, du consentement de son fils aîné, Luc, concéda à l'abbaye tous ses droits sur le patronage de St-Pierre de Boucey, de Buccio, diocèse de Séez, doyenné d'Écouché, et confirma la donation faite par le prêtre Geoffroy Bitois de tous ses droits sur la même paroisse. Roger de Luignor confirma en outre deux gerbes de la dîme de Boucey et reçut des chanoines 40 sols tournois pour cette confirmation. La jouissance de deux autres gerbes de la même dîme fut également confirmée par le chevalier Gérard Dumesnil. En 1255, Toustain, abbé de Ste-Marie de Longues, au diocèse de Bayeux, et ses religieux, abandonnèrent à l'abbaye de St-Jean la portion de la dîme de Boucey dont ils jouissaient moyennant 60 sols tournois de rente payables après l'octave de la purification de la Vierge, et à charge de six sols d'amende dans le cas où le paiement ne serait pas effectué à cette époque.

La paroisse de Boucey eut pour curés présentés par les abbés de St Jean :

En 1503 Jacques Rannier.
    1506 Jean Levandangeur.
    1519 Georges Callu.
    1543 Jacques de Sousmont.
    1543 Jacques Prévost.
    «« Pierre Locard.
    1550 Jean Labbé.
    «« Raoul Labbé.
    «« Cosme Lepetit.
    1577 Jean Pion.
    «« Roger Legalois.
    «« Nicolas Ursel.
    1585 Pierre Alain.
    «« Nicolas de Ronnay.
    1601 Jean Cadorel.
    «« Jacques Daniel.
    «« Ogier Delaunay.
    1624 Etienne Heron.
    1641 François Foutelaye.
    «« Henri Ernult.
    1707 Nicolas Chevalier de la Barbotière.
    «« Michel Legrand.
    «« Eustache Tirard.
    1774 Jean Paynel.
    1784 François Letourne.
7816-1789 Marc-Antoine Bénard.

Il pourrait se faire que quelques curés des paroisses à l'église desquelles l'abbaye avait des droits de présentation aient été nommés par d'autres que par les abbés de Saint-Jean que les guerres de religion, la jalousie des seigneurs et quelquefois même les caprices royaux privèrent momentanément de l'exercice de leurs privilèges à diverses époques.

L'abbé de St-Jean, Gautier, était le neveu du second prieur, Roger de Vitry ; il fut délégué par le pape Alexandre III avec Simon, abbé de St-André-en-Gouffern, et G.., prieur de Perrières, pour régler une contestation entre l'abbé de Séez et Richard, curé de Valframbert, dans la vicomté d'Alençon. La cause de cette difficulté nous est inconnue ; mais nous ne serions pas surpris qu'elle eût eu pour objet des droits de présentation ou de patronage dont les religieux se montraient fort jaloux et qui leur suscitèrent souvent de graves embarras et de nombreux procès ; l'histoire de l'abbaye de St-Jean nous en fournira des preuves que nous trouvons aussi dans certains documents sur le prieuré de Perrières.

La paroisse de Perrières dépendait du doyenné de Falaise. Le prieuré fut fondé en 1076 par Richard de Courcy et son épouse Gandelmonde ; Guillaume le Conquérant, la reine Mathilde et autres confirmèrent cette fondation que le fils des fondateurs, Robert de Courcy, confirma également en y ajoutant de nouvelles concessions ; Guillaume était alors prieur de Perrières, Hardouin et Robert, moines de la communauté. Plus tard, les droits de cette maison qui, en toute circonstance, se montrait avide d'augmenter ses possessions, s'étendirent sur les églises de Pomainville, St-Arnulphe, Ste-Anne et Epanney. En 1286, Guillaume de Courcy fatigué des prétentions de ces religieux, les appela devant le vicomte de Falaise pour les obliger à renoncer à certains droits en possession desquels ils disaient être ; il trouva de leur part une résistance tellement opiniâtre qu'il abandonna ses poursuites dans la crainte de se faire d'irréconciliables ennemis.

En 1696, René de Beaurepaire eut avec Henri Bailli, prieur de Perrières, un long procès, relativement au patronage de la paroisse : le prieur demandait que M. de Beaurepaire cessât de prendre le titre de Seigneur de Perrières, qu'il fût condamné à rendre aveu au prieuré de tous les héritages qu'il possédait dans la paroisse, que le corps de son père fût exhumé du *sancta sanctorum* où il le supposait enterré, que la fosse fût remplie de terre ferme et battue, et que le tombeau fût placé où le prieur jugerait à propos : qu'enfin M, de Beaurepaire cessât d'occuper la chapelle Ste-Catherine destinée à faire une sacristie, que son banc fût placé ailleurs, et qu'il ne pût se faire nommer aux prières et prônes de l'église comme **patron** honoraire de la paroisse.

Le prieur, s'appuyant sur les chartes de fondation et de donations, prétendait avoir toute justice, juridiction, seigneurie, domaine et propriété des choses fieffées et non fieffées, et être patron honoraire de Perrières. Il produisait, entre autres pièces, un contrat en date de 1287 contenant la donation de Guillaume de Courcy, descendant des fondateurs ; et il disait que depuis cette époque jusqu'en 1654 les prieurs de Perrières n'avaient point été troublés par les barons de Courcy dans la seigneurie et la jouissance des droits honorifiques ; que dans divers actes et arrêts, les prieurs Henri de Longlay en 1643, et Garnier en 1649 étaient qualifiés de seigneurs et patrons ; que la paroisse qui était anciennement bâtie dans l'étendue de la seigneurie de Perrières, à peu de distance du prieuré, fut détruite pendant les guerres, et que les religieux, à la prière des paroissiens sans asile, prêtèrent à ces malheureux la nef de leur église, ne se réservant que le chœur ; que le cardinal de Richelieu, abbé de Marmoutier, avait permis à l'un des prieurs de Perrières de faire rayer et biffer les titres mis par un particulier autour de l'église d'Epanney dépendant du prieuré ; qu'enfin la possession de présenter à la cure était une preuve du droit de patronage.

De son côté, René de Beaurepaire produisait une copie en forme d'un titre de 1109 par lequel Robert de Courcy et sa femme donnaient aux religieux : *duas partes decimæ, decimolum et vivarium de Petrariis ; præterea*, ajoutait le donateur, *concessi iis quidquid eis dederint homines mei... ità tamen ne perdam servitium meum ;* il donnait encore la dîme des agneaux, porcs, fromages, etc., ainsi que celle de ses moulins, le tout à condition que treize moines de Marmoutier viendraient desservir le prieuré.

M. de Beaurepaire présentait aussi un contrat du 16 octobre 1654 par lequel René de Carbonel, chevalier, marquis de Courcy, représentant le patron et fondateur du prieuré, avait vendu à MM. Julien et Marc-Antoine de Beaurepaire, ses père et oncle, tout ce qui lui appartenait en la paroisse de Perrières, tant en fief noble que roturier, sans aucune réserve, y compris même les droits honorifiques en l'église du prieuré ; que ce contrat avait été lu à l'issue de la messe paroissiale de Perrières le 1er décembre 1654, et qu'aucune opposition n'avait alors été formée par le prieur.

Le grand conseil rendit un arrêt qui donna gain de cause à René de Beaurepaire et défendit au prieur de porter atteinte à ses droits.

L'abbaye de St-Jean prenait chaque jour de l'importance. Son abbé, grâce aux libéralités des évêques de Séez, Froger, et Lisiard, et par suite du consentement du roi d'Angleterre Henri II qui mourut en 1189, put faire achever la nouvelle église que ses prédécesseurs Robert Taon et Foulques de Longueth avaient commencée et continuée ; toutefois, les chanoines n'y entrèrent qu'au mois de mars ou d'avril de l'année 1203.

Vers 1190, pendant l'occupation du siège abbatial par Gautier I, quelques templiers après la chute du royaume de Jérusalem, vinrent s'établir à Falaise. On sait que le 13 octobre 1307, le roi Philippe le Bel fit emprisonner tous les membres de cet ordre que le pape Clément V supprima en 1312. Nous nous proposons de faire, à l'occasion, quelques recherches sur les templiers de Falaise et de la vicomté.

L'abbé de St-Jean, selon le Gallia, mourut en 1209. Si cette date est exacte, il avait dû depuis quelques années déjà résigner ses fonctions abbatiales.

Avant 1198. — GUILLAUME I.

Le Gallia ne cite Guillaume qu'en 1234 ; mais une concession de droits faite entre les mains de l'évêque de Séez, Lisiard, qui mourait en 1201 ou 1202, en faveur d'un Guillaume, abbé de St-Jean, et la confirmation de cet abandon par le pape Innocent III, la première année de son pontificat, c'est-à-

dire en 1198, prouvent que Guillaume succéda à Gautier, et que sa prise de possession
du siège abbatial dut avoir lieu avant 1198.
Le Guillaume du Gallia ne figurera pas
moins à la date qui lui est assignée. Nous
rencontrerons souvent, à des distances assez
rapprochées, des abbés du même nom.

La cession dont nous venons de parler se
rattache aux droits de présentation et de
patronage conférés à l'abbaye sur la paroisse
et l'église de St-Martin-de-Bailleul. Ce fut
Gilles, seigneur de Bailleul, qui donna le
droit de présentation, avec trois gerbes de
la dîme ; Richard de Bosco, fils d'Auger de
Bailleul, en cédant également tous ses
droits, confirma le patronage, et, en présence
de Lisiard, il fit le serment sur le corporal
de ne point troubler les religieux dans la
propriété et jouissance de ces biens ; l'évêque saisit lui-même cette occasion pour affranchir les chanoines de tous ses droits
épiscopaux, et il attesta avec Hubert, archidiacre d'Exmes, maître R..., de Mesnil-
Soleil, Geoffroy de Méré et autres, que le
chapelain Guillaume de Bailleul avait aussi
renoncé, en faveur de l'abbé de St-Jean, à
tous ses droits sur le patronage de St-Martin-de-Bailleul :

Lisardus, Dei gratiâ sagiensis episcopus,
universis sanctæ matris ecclesiæ filiis salutem... Noverint universi ad quos præsens
scriptum pervenerit. Quod Guillelmus de

Balliolo, sacerdos, suâ propriâ voluntate accedens ad nos, demisit in manu nostrâ quidquid in ecclesiâ sancti Martini de Balliolo possidebat. Nos autem, etc.

Ce fut cet abandon que le fameux Lothaire Conti, connu sous le nom d'Innocent III, confirma par bulle, donnée à Latran, en 1198. On sait que ce pape mit plus tard la France en interdit, excommunia Jean Sans-Terre, prêcha la croisade contre les Albigeois, et nomma le premier inquisiteur. Une autre bulle du même pontife exempta les religieux des droits de dîme pour toutes leurs possessions.

Ainsi que son prédécesseur Lisiard, l'évêque Silvestre, en vertu de l'autorisation d'Innocent III, exempta les chanoines de ses droits épiscopaux, notamment sur les églises de Ste-Marie-de-Beaumais, de St-Pierre-de-Boucey et de St-Martin-de-Bailleul dont il confirma le patronage en 1216. Cette exemption fut sanctionnée par Jean, prieur de St-Gervais de Séez, et tout le chapitre. Aux assises de Trun, en 1355, les religieux de St-Jean et les directeurs de l'hospice de Trun firent un échange d'une portion de la dîme de Bailleul ; et en 1474, par acte passé en la châtellenie d'Argentan, il fut reconnu par arbitres que la dîme à prélever sur 200 acres de terre situés à Bailleul appartenait pour deux tiers à l'Hôtel-Dieu de Trun, et pour un tiers seulement à l'abbaye de Falaise.

La paroisse de Bailleul dépendait du doyenné de Trun ; les abbés de St-Jean présentèrent à la cure :

Avant 1506	Robert Cochat.
Mai 1506	Robert Morel.
12 mars 1516	Jean Laurent.
29 mai 1533	Philippe de Brucourt.
23 janvier 1534	Martin Picquet.
16 septembre 1535	Pierre Locquart.
17 juin 1550	Jacques de Sousmont.
— 1550	Pierre de Morenq.
7 mai 1551	Robert du Bosq.
24 mai 1576	Jean Pion.
20 mai 1577	Cosme Lepetit.
27 juin 1595	Nicolas Uriel.
21 juin 1596	Thomas Piel.
31 janvier 1623	Guillaume Routier.
1624	Louis Guibout.
18 mars 1626	Anatole Guibout.
26 avril 1626	Etienne Veron.
1628	Paul Lhermite.
28 janvier 1633	Jacques Le Royer.
6 octobre 1655	Ignace Chrétien.
19 janvier 1673	Chrysostôme Roussin.
24 avril 1704	Francois Levallois de Tostes.
23 octobre 1719	Paul-Joseph Pellevé.
13 décembre 1725	Jean Fortin de la Hoguette.
6 avril 1743	Jacques Lefrançois.
23 juin 1770	Jean-Pierre Marescot.

La donation par Robert de St-Hilaire

du droit de patronage de l'église de St-
Hilaire et de toutes les dîmes que le Seigneur possédait dans cette paroisse eut lieu
également pendant l'administration de
Guillaume Ier ; nous reviendrons sur ce
sujet pendant l'abbatiat de Robert de Bocé
en 1252. En 1203 Henri des Loges et
Hugues, son frère, donnèrent, dans la paroisse de Tassilly, aux chanoines de Falaise,
deux pièces de terre dont l'une était située
près du chemin d'Epanney, et l'autre près
de la maison des lépreux.

Nous sommes arrivés à cette époque où le
beau fleuron normand se détacha de la cou-
ronne d'Angleterre pour orner celle de la
France. L'histoire de Falaise devient alors
palpitante d'intérêt : la captivité d'Arthur
de Bretagne dans le donjon, la noble conduite du gouverneur et des habitants, la
présence fréquente de Jean Sans-Terre,
l'apparition de Philippe Auguste et de ses
troupes sous les murs de la ville, enfin la
reddition de la place offrent un spectacle
des plus saisissants. La mort du jeune duc
de Bretagne couvrit d'opprobre le duc-roi
Jean Sans-Terre ; mais l'anathème lancé
contre ce monarque frappait-il le véritable
assassin ? La lumière ne nous paraît pas
suffisamment faite pour que nous formu-
lions ici une opinion ; l'abstention est la
fille du doute. En partageant les sentiments
de mépris et de réprobation qui s'attachent
aux criminels, ou en entourant de notre

estime et d'une douloureuse pitié la victime de la calomnie, selon que les soupçons soient fondés ou non, nous ne devons pas moins rendre hommage au dernier duc normand dont la bienveillante générosité ne nous fit jamais défaut, et qui le premier jeta les bases de notre constitution municipale, précieuse garantie contre l'oppression en germe du Tiers-Etat.

L'abbaye de St-Jean ne fit jamais en vain appel à la libéralité du monarque qui, en 1199, en présence de Guillaume Maréchal, comte de Pembrock, Pierre de Préaux, Varin de Glapion et Guillaume de Stagno confirme toutes les donations de l'abbaye ; sa charte porte : *Donné par la main de Henri, archevêque de Cantorbéry, à Aurival, le 18 Juillet, la 1re année de notre règne.* En 1201, le roi Jean donna aux religieux ses chapelles du donjon et du château avec leurs dépendances, à la condition d'y célébrer chaque jour le service divin ; en même temps, il les autorisa à prendre vingt livres de rente annuelle sur le domaine pour la célébration de cet office. En 1231 l'archevêque de Rouen, Maurice et les évêques, Guillaume, de Lisieux ; Richard, d'Evreux ; Guillaume, d'Avranches, et Hugues, de Coutances, attestèrent ces donations que confirma en 1418 le roi d'Angleterre Henri V, maitre de Falaise.

La chapelle du donjon, dédiée à saint Prix,

évêque de Clermont, est probablement le
premier monument que le christianisme
ait élevé à Falaise. L'époque de la construction nous est inconnue ; mais celle de
la dédicace no peut être antérieure à Clo-
taire II sous le règne duquel naquit l'évêque de Clermont. En 1418, la chapelle St-
Prix tombait en ruines ; Henri V autorisa
le général Talbot qu'il avait nommé gouverneur de Falaise à la faire reconstruire. Elle
était, dit-on, longue de sept pieds trois pouces et large de six pieds quatre pouces ;
l'autel était vers le levant, et la voûte offrait d'intéressants détails ; mais le dernier
gouverneur, M. le comte d'Aubigny, eut la
regrettable pensée de faire détruire cette
voûte. *Sur l'un des côtés*, dit M. Ruprich-
Robert, dans son rapport sur le château de
Falaise, adressé en 1864 à M. le maréchal
Vaillant, « se trouve une chapelle au-dessus
« de laquelle est une pièce de même gran-
« deur et qui n'avait d'accès que par un
« escalier placé dans l'intérieur même de
« la chapelle ; les voûtes de celle-ci sont
« détruites ainsi que les ébrasements des
« fenêtres et de la porte d'entrée. Dans
« cette chapelle, comme ailleurs, les pierres
« taillées pour former des marches, des
« angles de murs, de fenêtres, de contre-
« forts, etc., ont été arrachés, etc. » Nous
espérons que la restauration de ce sanctuaire aura lieu tôt ou tard.

Le 3 janvier 1693, les religieux de St-
Jean déclarèrent que la chapelle St-Prix
dépendait de leur abbaye, mais qu'ils
étaient tenus d'y dire 3 messes par semaine,
d'administrer tous les sacrements aux gouverneur et habitants du château, d'y faire
toutes les fonctions curiales et de fournir le
luminaire, moyennant 87 livres, 16 sols,
à prendre sur la recette du domaine.
Ils se fondaient sur des lettres patentes du
25 février 1576 et 6 juin 1584 remplaçant
leurs titres perdus pendant les guerres.

La chapelle du château, dédiée à St-Nico-
las, fut, dit-on, construite sous le règne de
Guillaume le Conquérant. Les chanoines de
St-Jean y célébraient un office connu sous
le nom de : Messe du capitaine et des soldats, et ils administraient les sacrements à
tous les gens de la citadelle. Cet édifice était
beaucoup plus considérable qu'il ne l'est
aujourd'hui ; il était autrefois comme le
centre religieux d'une paroisse desservie
par l'abbaye. Dans le siècle dernier, on re-
construisit cette chapelle qui menaçait
ruine et on ne conserva du vieux monument que le derrière du chœur qui avec ses
corbeaux rappelle l'époque romane ; puis
l'ancien portail avec ses colonnes et ses
chapitaux normands. La nef fut agrandie
en 1813. Il est question de réparer ce monument qui après avoir été longtemps abandonné fut rendu au culte le 9 novembre
1840, et est aujourd'hui la chapelle du col-

lége. Nous aimons à penser que l'administration présidera attentivement à l'exécution
de ces travaux que la générosité de la popu-
lation permet d'entreprendre, et que tout ce
qui constitue le caractère historique de cet
intéressant souvenir sera religieusement
conservé.

L'abbé de St-Jean, Gautier Ier, avait vu
s'élever la léproserie de St-Lazare ; son successeur, Guillaume Ier, fut témoin de la
création d'un nouvel et non moins utile
établissement, l'Hôtel-Dieu. Heute Bertin,
bourgeois de Falaise, dont la famille mérite
à tous égards la reconnaissance de la ville,
en jeta les fondements vers l'an 1200. La
charité de ce personnage fut-elle mise en
émoi par suite du développement de la cité
ou d'un ralentissement de zèle de la part
des chanoines en faveur des pauvres et des
malades ? Ces deux circonstances purent se
produire simultanément : On sait qu'à diverses époques il y eut dans certains monastères un relâchement tel que les papes
et les évêques durent souvent intervenir
pour rappeler les religieux à l'observance
de leurs devoirs. Nous ne pouvons rien affirmer à cet égard en ce qui concerne l'abbaye de St-Jean ; nous croyons plus volontiers que sa bienfaisance ne restait pas au-
dessous de ses ressources qui allaient tou -
jours croissant.

Guillaume de Corday, prêtre, fils de
Guillaume de Corday, concéda aux religieux

le patronage de l'église de St-André-de-Corday et la dîme de la terre que Hugues de Corday leur avait donnée en échange de celle dont la donation leur avait été faite par Mathieu de Beaumais ; les descendants de Guillaume de Corday contestèrent plus tard ce droit de patronage ; mais les chanoines justifièrent de leur légitime possession, et en 1315, par acte passé aux assises de Caen, devant Robert Rienchon, chevalier, bailli de cette ville, Robert de Corday, écuyer, se désista de l'opposition qu'il avait formée contre eux.

La paroisse de Corday dépendait du doyenné d'Aubigny ; elle fut réunie à St-Pierre-du-Bû, il y a environ quarante ans ; l'église, peu éloignée de l'ancien château qui sert aujourd'hui de ferme et dont on remarque encore les fossés ainsi que l'emplacement du pont-levis, a été reconstruite et n'offre aucun intérêt. Cette église eut pour curés :

Avant	1464	Jean Leverrier.
En	1464	Thomas Leverrier.
	1474	Jean Martelière.
	1510	Réné Mallebiche.
	1532	Thomas Toutain.
	»»	Martin Rommet.
	1537	Jean de Laisir.
	1538	Olivier de Glatigny.
	1538	Pierre Ermiguier. Ce curé fut présenté par Jean de

Corday, seigneur du lieu,
qui, malgré les conven-
tions antérieurement ar-
rêtées, cherchait à ren-
trer en possession des
droits de patronage et de
présentation. Ses tenta-
tives restèrent sans suc-
cès, car nous voyons re-
paraître jusqu'en 1564
Olivier de Glatigny, nom-
mé par l'abbé de Saint-
Jean.

1564 Gervais Boudier.
1593 Jean Chevalier.
1597 Guillaume Gougeon.
1635 Mathieu le Putois.
1677 François Denis.
1682 Michel Leboucher.
1706 Jacques Gauche.
1721 Jean Hébert.
1743 Pierre Dumont.
1761 Claude Grenier.
1762 Claude-François Combet.
1667 Simon Serais.
1787 Charles Morel.

Nous retrouverons la famille de Corday
parmi les bienfaiteurs de l'Hôtel-Dieu ; ce
fut elle qui donna à cette maison les terres
et la chapelle du pavement St-Gilies. Les
religieux de St-Jean et le curé de Corday
prétendirent avoir des droits sur cette chapelle, et suscitèrent quelques entraves aux

chanoines de l'Hôtel-Dieu ; toutefois, en
1216, il y eut transaction entre les parties,
et il fut convenu que les frères de la Mai-
son-Dieu, pour conserver la libre possession de la Chapelle, paieraient chaque
année, à l'époque de la fête St-Gilles, dix
sols tournois à l'abbaye, et que le curé de
Corday profiterait de toutes les dîmes qui
lui seraient dues, etc. Nous donnerons copie
de cette transaction dans notre notice sur
l'Hôtel-Dieu.

Vers 1205. JEAN DE GUIBRAY.

Nous rencontrons pour la première fois
le nom de Guibray attaché à une famille ;
en 1629 le vicomte de Falaise, M. de Mar-
gueril, était quelquefois dénommé dans les
actes M. de Guibray ;

Nous croyons devoir mentionner sous
l'administration de Jean de Guibray les donations des droits de patronage sur les
églises de Loucey et Commeaux.

La paroisse de St-Brice-de-Loucey, *de
Loceio*, dans le diocèse de Séez, dépendait
de l'archidiaconé du Houlme et du doyenné
d'Ecouché. Ce furent Hugues des Yveteaux,
fils de Guillaume, et le prêtre Olivier des
Yveteaux, son oncle, qui en conférèrent le
patronage et la présentation aux religieux
auxquels ils abandonnèrent également leur
part de la dîme de la paroisse. En 1223,

Adam de Gout, prêtre, transmit ses droits
sur la même dîme. Richard Malherbe, seigneur de Landes, donna en 1248, moyennant cent sols tournois, deux gerbes de la
dîme du fief de Landes, dans la paroisse de
Loucey. Henri de Tostes, en 1259, abandonna ses priviléges sur la vavassorerie que
Guillaume tenait de lui à Loucey, à charge
de redevance, et, en outre, moyennant vingt
livres tournois. Enfin, en 1264, Michel Tho-
rel, clerc, céda deux deniers de rente que
lui devait Robert Lefebvre sur une pièce
sise à Loucey.

Les droits de patronage et de présentation
attribués aux religieux dans la paroisse de
Loucey furent confirmés par l'évêque de
Séez, Silvestre, qui, malgré l'opposition de
Jean sans Terre, occupa le siège épiscopal
de 1202 à 1220 et dont le nom resta cher
aux communautés religieuses :

« Universis Christi fidelibus ad quos
« præsens scriptum pervenerit, Silvester,
« Dei gratià sagiensis episcopus, salutem
« in domino : noverit universitas quod nos
« intuitu pietatis et misericordiæ ecclesiam
« sancti Britii de Locey, cum pertinentiis
« suis, abbati et conventui Sancti Johannis
« de Falesià in perpetuam eleemosynam
« quieté et integré in suos proprios usus
« modis omnibus convertendam contulimus
« salvo jure episcopali. Ità tamen quod no-
« bis et successoribus nostris unum canoni-

« corum suorum vel sacerdotem secularem
« præsentabunt qui in illà ecclesià minis-
« trabit et iisdem canonicis de temporalibus
« respondebit, et ab episcopo sagiensi curam
« recipiet animarum, etc. »

Les abbés de St-Jean présentèrent à la cure de Loucey :

Avant	1486	Odon Daisne.
	»»	Olivier Lefebvre.
	»»	Nicolas Behuré.
	1516	Pierre Caresme.
	1518	Guillaume de Groucet.
	1519	Bertrand Lefauche.
	1556	Gabriel Pichon.
	»»	Bertrand de la Souche.
	»»	Jacques Nollet.
	1571	Michel Chardey.
	1602	Jean Putois.
	1620	Pierre Labbé.
	1627	Charles Angot.
	»»	Bonaventure Hardy.
	1682	Gilles Travers.
	»»	Jacques Cuvey.
	»»	François Torcapel.
	1710	Simon le Diacre.
	»»	François Parfais.
	1788	François Bellamy.

La paroisse de Commeaux dépendait du doyenné d'Argentan. Dans cette paroisse, Hugues de Raventon, dit M. d'Anisy, par une charte sans date, donna à l'abbaye toute sa terre située entre la rivière et le pont *as vallez* jusqu'au Pont Richard ; cette donation fut attestée par le prêtre Geoffroy de Méré ; Roger de St-Hilaire ; Robert de la Porte ; Robert de Sacy ; Richard, prieur de Vignats ; Roger et Guillaume de Pierrefitte, frères ; Robert et Martin Sarrazin, frères, et par presque tous les habitants de la paroisse. Quant aux droits de patronage et de présentation, il est probable que les religieux les durent à la libéralité du même donateur.

Les curés de Commeaux furent :

Avant 1503	Thomas Mallebiche.
»»	Guillaume de Groucet.
1506	Jean Goubin.
1524	Jean Desmonts.
1557	Martin Picquot.
»»	De Gousseville.
»»	Jacques Levendangeur.
»»	Nicolas Henri.
»»	Guillaume Routtier.
1624	Robert Bazire.
»»	Nicolas de Barneville.
»»	Angèle Durand.
»»	Guillaume Fossard.
»»	Augustin Gontier.
1682	Jean Lemoine.
1710	Jean-Michel Paulin de Valmesnil.
1712	Gabriel Boscage.
1756	Pierre Leharivel.
1765	Jacques Leclerc.
1766-1789	Michel Philippine.

En 1288 les chanoines fieffèrent à Richard Germain moyennant hommage et trois septiers d'orge de rente une de leurs pièces de terre de Commeaux.

Une famille puissante et célèbre à cette époque, les Grentemesnil, accorda aussi sa protection à la communauté falaisienne. Guillaume de Grentemesnil lui fit diverses donations que sa sœur, Béatrix de Rye, confirma et auxquelles elle ajouta pour le salut d'Emma, sa mère, et de son frère quelques pièces situées à Montabar. Elle scella sa charte de son sceau, et elle la fit approuver par les gens du roi à Falaise : Guillaume de Creully, Henri de Pont-Audemer, Michel Bellet et Julien de Rye ; pour cette concession, Jean de Guibray, au nom de ses religieux, donna à Béatrix une somme d'argent, trois palefrois et une vache pour elle, et un cheval du prix de cent sols angevins pour son fils, Guillaume de Rye. Dans la paroisse de Montabar les chanoines possédaient encore le fief de la Charbonnaise. En 1382 Robinet le Brunet reconnut qu'il leur devait une rente de trois boisseaux de froment pour fieffes de terre, maison et jardin dans la même commune ; Macé Belleau, en 1837, rendit aveu de deux boisseaux de rente ; en 1391, devant la Chatellenie de Ponthieu, Jehan le Viel s'engagea au service d'une rente semblable et d'une autre rente de sept sols tournois ; enfin en 1398 Pierre Bode souscrivit au profit de la maison une obligation de vingt-trois sols huit deniers de rente; quant au partage de la dîme de Montabar, il avait été réglé dès 1205 par une transaction arrêtée entre le curé de la paroisse et les abbés de St-Jean et de St-Evroult.

Les Grentemesnil tiraient leur nom de la terre de Grentemesnil ou Grantmesnil, dans le canton de Saint-Pierre-sur-Dives. Robert, l'un d'eux, qui avait acquis une grande célébrité par son dévouement et de nombreux services rendus aux trois ducs normands du nom de Richard, et même au duc Robert-le-Libéral, jeta, de concert avec son frère Hugues, les fondements d'un Prieuré à Norrey; déjà Gislebert, abbé de Châtillon, et quelques religieux avaient promis de venir occuper ce monastère, quand les deux fondateurs, à la sollicitation de leur oncle, Guillaume, fils de Giroie, abandonnèrent les contructions en voie d'exécution, et reportèrent sur l'abbaye de Saint-Evroult les libéralités qu'ils destinaient à l'établissement de Norrey. On pense que l'église actuelle s'éleva sur l'emplacement du monastère inachevé ; elle renferme les cendres de Robert de Grentmesnil qui mourut des suites d'une blessure au ventre, reçue dans un combat sanglant livré près du Sap, par des barons normands au jeune duc Guillaume.

6

Le maire de Falaise, Odon, fils de Vital, céda à l'abbaye de Saint-Jean deux gerbes de la dîme de Saint-Martin moyennant quarante livres ; Robert de Saint-Martin confirma cette cession, et retint pour lui vingt livres sur le prix payé par les chanoines. La charte de cession et de confirmation fut attestée par Benoist, curé de Saint-Martin ; Robert Roux et Robert Bacon, de Falaise ; Robert Bacon, de Villers ; Robert, fils Bertin ; Raoul de Touques ; Samson Belet; Enguerrand d'Ouilly, et autres. Peu de temps après, nous voyons le même maire assister comme témoin avec Guillaume Pantoul, Adam Torquetil, Gervais de Baugis et Hugues du Buisson à la donation par Garnier du Buisson, moyennant six livres d'Anjou, de six pièces de terre dans le fief de Tournebu, et de tout ce que ce donateur possédait dans le champ des Auserais ; Odon, en approuvant plus tard la charte de Garnier, abandonna lui-même à l'abbaye ses droits sur la maison de ce dernier, ainsi que la part qui lui revenait du fief Breton, situé à Fourneaux ; les autres parties de ce fief furent cédées successivement aux chanoines par Guillaume de Pont d'Ouilly, Gervais Baugis et Denis Breton ; et la possession de la totalité du fief fut confirmée en 1240 par Raoul d'Odeman et ses frères, Jean et Guillaume. Un Philippe du Buisson, chevalier, déchargea les religieux de toutes les redevances qui pouvaient lui être dues à cause de son moulin de Rokerol.

Théobald du Moulin ou de Moulines fit don aux chanoines de tout le bois de la Bruyère, des terres, prés, et généralement de tout ce qui dépendait de ses domaines jusqu'au point de réunion des rivières de Laise et de Réveillon. Un vidimus de sa charte par Henri, évêque de Bayeux, relate encore diverses autres donations. Ce fut ce même personnage qui donna à l'abbaye de Barbery quatre-vingts acres de bois entre le chemin des Essarts et la roche Tuebeuf, et qui, selon les expressions de sa charte, destina soixante livres du Mans que les chanoines lui versèrent, *ad liberandam terram meam de Molinis de manu Judæorum*. En 1224, Robert Marmion, fils de Mathilde de Beauchamps, reçut des mêmes religieux de Barbery deux cents livres tournois pour diverses concessions, et ainsi que Théobald, il employa cette somme *ad liberandum me de usurâ et debitis Judæorum*. Dès cette époque on avait hâte de se soustraire à l'avidité dévorante de cette misérable plaie qu'on appelle l'usure ; ce honteux genre d'industrie était principalement exploité par les juifs qui à cette époque étaient en assez grand nombre répandus dans nos contrées.

Les derniers actes de l'administration de Jean de Guibray furent encore relatifs à quelques donations que nous devons signa-

ler : Robert Louvel, de Morteaux, abandonna *quatuor zenam cum pratum juxtà
queminium Malherbe et ad cinetum castri
de Toane*. Quant à la dîme de son moulin
de Morteaux, il la donna aux religieux de
Saint-Pierre-sur-Dives en présence de Richard de Bretteville, et de Richard et Robert de Douville.

Guillebert de Prulaye renonça à réclamer
une redevance en froment et une rente de
six deniers tournois que l'abbaye était tenue
de lui faire.

Guillaume de Pertheville, chevalier, seigneur de Culley, donna cinq acres de terre à
Culley, dans le tennement que Guillaume
d'Aunay tenait de lui, entre la terre de Guillaume de Breuil et celle de Richard d'Aunay ; il augmenta ce don de trois acres
de terre à Mézerets, et jura sur les saints
évangiles de ne jamais élever aucune pré-
tention sur les biens dont il s'était des-
saisi.

Robert de Garcelles, fils de Guillaume
de Vesqueville et Robert de Ners confirmèrent les donations de leurs ancêtres.

Enfin, Robert de Vicques, chevalier, en
présence de Mathieu Cornet ; Guillaume,
fils d'Emma ; Guillaume Babouin ; et Philippe, fils d'Agnès, donna deux septiers
d'orge de rente à prendre dans son moulin
de Vicques.

Selon les auteurs du Gallia, Jean de Guibray mourut en 1209.

1209. — AUBERT 1er.

Nous pensons que les droits de présentation aux églises de St-Martin et de St-
Pierre-du-Bû furent accordés à l'abbaye sous
l'abbatiat d'Aubert par l'évêque de Séez,
Sylvestre. Voici l'une des Chartes de ce prélat :

« Universis Christi fidelibus ad quos
« præsens scriptum pervenerit : Silvester,
« Dei gratia, sagiensis episcopus, æternam
« in Domino salutem, noverit quod nos in-
« tuiti pietatis et misericordiæ, Ecclesiam
« Sancti Martini juxtà le Bu, cum pertinen-
« tiis suis abbati et conventui Sancti Johan-
« nis de Falesià in perpetuam eleemosynam
« quiété et integré in suos usus proprios
« modis omnibus convertendum contulimus,
« salvo tamen in omnibus jure episcopali,
« ità tamen quod nobis et successoribus
« nostris unum canonicorum suorum vel
« sacerdotem secularem qui... possit mi-
« nistrare præsentabunt, qui ab episcopo
« sagiensi curam recipiet animarum, et de
« spiritualibus canonicis vero de tempo-
« ralibus respondebit, quod est ratum
« ducentesimo undecimo quinto idus feb-
« ruraii. »

L'église de Saint-Martin dépendait du
doyenné d'Aubigny ; elle renferme les
tombes de plusieurs membres de la famille de Vanembras, connue dès le commencement du XIIIe siècle. Hugues de War-

nembraz dota richement l'abbaye de St-André.

Curés de Saint-Martin :

Avant 1478 Etienne Michon.
1478 Jean Jouquin.
»» Jean Gondouin.
1528 André Marais.
1529 Nicolas Desmonts.
1537 Robert Lasne.
1539 Jacques Nollet.
»» Louis Desmonts.
1583 Nicolas Houel.
1620 Jean Mannoury.
1635 Claude Ducesne.
1675 François Hébert.
1696 François Turpin.
1727 Pierre Delaunay.
1766 Jacques Leclerc.
1785 Jacques - François - Nicolas Bonal.

St-Pierre-du-Bû dépendait également du doyenné d'Aubigny. Sur son territoire s'élevait jadis un vieux manoir, nommé Perai, dont Mabille de Bellême et le chevalier Pantou se disputèrent longtemps la possession.

Cette paroisse eut pour curés :

Avant 1503 Guillaume de Groucet.
1503 Denis de Chauvigny.
1548 Jean Labbé.
1549 Jean de Guerville.

» Marin Malvoisin.
.1561 Valentin Leforestier.
1578 Thomas Hubert.
» Pierre de Guerville.
1598 Jacques Morise.
1507 Louis Guibout.
1612 Levavasseur.
» Jean Putois.
1642 Hilarion Blavette.
1667 François Agasse.
1668 Gilles Benoist.
1683 Ignace Chrétien.
1684 Martin Langée.
1732 Jacques Mazurier.
1760 Laurent Douesnel.
1766-1789 Philippe Desmares.

En 1212, Nicolas d'Avesnes, chevalier, qui, dès 1208, avait confirmé les donations faites à l'abbaye, l'une par Marie de Broglie, d'un demi-acre de terre dans le camp Landry, l'autre par Geoffroy de Broglie, d'une même contenance, près la Roche de Guillaume Dragon-d'Avesnes, donna aux chanoines la présentation à la chapelle de St-Philbert-d'Avesnes avec tous les droits qui y étaient attachés, à la charge d'y envoyer un chanoine pour célébrer l'office ; il leur accorda en outre le droit de patronage sur toutes ses terres. La chapelle de St-Philbert était alors aux mains du clerc Benoist qui consentit à la donation de Nicolas d'Avesnes, ainsi que le constatent deux déclarations de l'évêque Silvestre, en date de 1214 et de 1216.

Les religieux établirent un cimetière à Avesnes, sur la terre de Mathieu de Lignon que Nicolas d'Avesnes leur céda avec le *ménage* de Guillaume de St-Philbert. En 1231, son fils Robert, en confirmant les libéralités paternelles ajouta le droit de présentation à l'église de St-Aignan-d'Avesnes. Guillaume de Tilly, Hugues du Buisson, Robert Lefort, Agnès de Rye, et Foulques de la Chaise firent aussi des donations à l'abbaye, dans cette paroisse qui eut pour curés présentés par les abbés de St-Jean :

Avant 1503 Pierre Gasse.

1503 Denis Chauvigny.

1503 Guillaume de Groucet.

1503 Thomas Mallebiche.

1506 Guillaume de Groucet.

1518 Pierre Caresme.

1522 Mathieu Bardouil.

1522 Pierre Locquart.

1535 André Marais.

1552 Marin Dubois.

1553 Jean Georges.

1555 Jacques Nollet.

1556 Michel Lefort.

» Jacques Levendangeur.

1561 Clément Mauvoisin.

» François Hédiard.

» Clément Mauvoisin (reparaît).

1574 Jean Pion.

1574 Thomas Hubert.

1593 Martin Chardey.

1627 Pierre Labbé.
1627 Marc Carré.
  »»   Martin Chardey.
  »»   Marc Sarrasin.
  »»   Joseph Belin.
  »»   Pierre Malherbe.
  »»   Etienne Heron.
  »»   Jean Lesnier.
  »»   François Duparc de Bar-
        ville.
  »»   Gervais Niel.
  »»   Christophe Richer.
  »»   Gratien Gambier.
1760-1789 Henri-Jean-François Le-
        raistre.
        L'abbé Aubert mourut en
        décembre 1213.

1213. — NICOLAS 1er.

Avant d'occuper le siége abbatial de Falaise, Nicolas avait dirigé le monastère d'Ardennes ; il trouva l'abbaye troublée dans ses
prérogatives ; le droit d'immunité des dîmes
dans l'enclos du couvent était contesté aux
chanoines par Girard de Grisy, curé de Guibray, et son vicaire. Sur les instances de
l'abbé, l'affaire, d'après une déclaration
faite en 1217 par l'un des arbitres, Hugues,
évêque de Coutances, et qui contient de nombreux détails sur Falaise, fut portée devant
les juges du souverain Pontife, du consente-

ment de l'abbesse de Ste-Trinité de Caen, à
laquelle appartenait le patronage de Guibray. L'expertise donna gain de cause à
l'abbaye. On sait que l'usage des dîmes est
aussi ancien que la religion, et que si les
laïques étaient tenus à certaines redevances
envers les religieux, ceux-ci avaient également
ment un tribut à payer au Souverain ; ils
devaient loger et nourrir le roi et sa suite,
fournir des hommes d'armes qu'ils conduisaient souvent eux-mêmes au combat, et
faire des dons pour favoriser telle ou telle
entreprise. A l'époque des croisades, la contribution ecclésiastique étant insuffisante,
Philippe-Auguste ordonna la levée de la
dixième partie des revenus du clergé ; de là
le nom de décime que les ecclésiastiques
payaient au monarque ; le nom de dixme
s'appliquait plus spécialement à la redevance
prélevée par les ecclésiastiques sur les fruits
de la terre.

Pendant l'administration de Nicolas, Henri
de Sevray, Henri, fils de Henri de Mont,
Guillaume de Langot, Jean Gory et Richard
Moysant firent diverses donations aux moines. En 1216, Guillaume de Bugles, d'Aul-
nay, leur céda, moyennant trois sols manceaux de rente annuelle, payables à la
St-Remy, le Champ-Tuebœuf et la partie de
son auluaie, située près de celle de Jean de
Vaux ; plus tard, en 1238, son fils, Jean de
Bugles, leur donna cinq sols manceaux de
rente à prendre sur son frère Robert.

En 1218, Guillaume de Fourneaux fit l'abandon du patronage de Fourneaux. Les membres de cette famille qui peut remonter au temps de la conquête étaient à cette époque : Denise de Fourneaux, femme de Renaud d'Avenay, Godefroy et Robert. A la même époque, Guillaume de la Pommeraye se dessaisit en faveur de St-Jean d'une demi-vavassorie qu'il possédait à Fourneaux.

Le doyen d'Aubigny exerçait son autorité sur la paroisse de St-Pierre-de-Fourneaux, dont les curés furent :

Avant 1469 Guillaume Lecloutier.
     1469 Guillaume Edouard.
     1488 Jacques Lemaître.
     1509 Clément Gondouin.
     1544 Mathieu Helaine.
      »» Martin Chéradame.
     1550 Raoul Brière.
     1550 Jacques Nollet.
     1553 Nicolas Dufay.
     1558 Thomas Lecoq.
     1561 François Lebouglier.
     1561 Anatole Legallois.
     1583 Sebastien Garnier.
      »» Pierre Belier.
     1620 Jean Hubert.
     1636 Jacques Leduc.
     1636 Nicolas Armine.
     1651 Marin Delaunay.
     1658 Gilles Harivel.
      »» Guillaume Gondouin.
     1664 Charles Lemarchand.

1694 Louis Nouin.
1696 François Bélier.
1700 François Aubert.
1753 Jacques Leroy.
1760-1789 Michel Godey.

Il y a quelques annés, on voyait encore dans l'église de Fourneaux deux têtes d'hommes, représentant l'une un abbé de St-Jean, et l'autre un curé de la paroisse ; les armes de l'abbaye étaient peintes sur la principale vitre du chœur.

Vers 1220, une catastrophe épouvantable jeta la consternation dans le monastère. Un jour que l'abbé et vingt-cinq de ses religieux étaient réunis dans la vieille église abandonnée depuis 1203, la voûte s'écroula et ensevelit les malheureux frères sous ses décombres. A quel usage pouvait encore servir ce vieux monument dont l'état devait défendre l'approche ?

1220. — GAUTIER II.

Le siége épiscopal de Séez, au moment ou Gautier II était appelé à la direction de la communauté Falaisienne, venait d'être occupé par Gervais I, d'origine anglaise. Gervais vint faire ses études à Paris ; reçu docteur, il embrassa l'ordre de Prémontré, et fut élu abbé de St-Just de Beauvais en 1195, de Thenailles en 1199, et enfin général de l'ordre en 1206 ou 1209. Son éloquence, ses vertus et ses nombreux écrits consistant en commentaires, homélies, sermons et lettres, lui valurent en 1220 la promotion à l'évêché de Séez, vacant par la mort de Silvestre. En 1222, le pape Honoré III le chargea d'examiner avec le grand archidiacre de Rheims et le doyen d'Amiens, l'élection de Théobald de Falaise qui venait d'être nommé archevêque de Rouen.

Nous retrouverons cet éminent concitoyen dans nos biographies falaisiennes.

En 1221 Robert I, abbé de Troarn, céda moyennant 30 sols manceaux de rente à Gautier II, son ami, diverses propriétés ; ses successeurs Saffrey et d'O ratifièrent ces concessions. Guillaume de Chancelers, Godefroy du Vivier, Agnès, femme de Michel Lefrançois et Robert de Auvillers, chevalier, vinrent augmenter la liste des donateurs de l'abbaye. Ce dernier, en 1224, abandonnait la jouissance du domaine de Louvagny qu'il tenait de Thomas de ce nom. Le Champ-de-la-Fosse, situé à Guespré, entre le chemin d'Oumois et celui de Falaise, fut aussi ajouté au domaine de St-Jean par Guillaume, fils de Serlon.

La même année 1224, l'évêque Gervais confirma toutes les possessions du monastère, y compris la donation par Guillaume de Bellière, *de Bellariâ*, de la moitié de la dîme et du patronage de l'église du Mesnil-Hermey, et de tout le patronage de celle de St-Pavin ; nous pensons que l'autre moitié

appartenait au roi. C'était ce qu'on appelle
un patronage alternatif.

Charte de donation :

« Notum sit omnibus præsentibus quam
« futuris quod ego Guillemus de Bellariâ
« dedi, concessi, hac præsenti cartâ confir-
« mavi in perpetuam eleemosynam pro sa-
« lute animæ meæ et antecessorum meorum
« Deo et Ecclesiæ sancti Johannis de Falesiâ
« et canonicis ibidem deo servientibus me-
« dietatem patronatûs ecclesiæ sanctæ ma-
« riæ de Mesnil-Hermey quam jure heredi-
« tario possidebam cùm omnibus etiam quæ
« mihi ibidem poterant pertinere. Prætereà
« prædictis canonicis in eleemosynam con-
« tuli jus totius patronatus ecclesiæ santi
« Padvini juxtà Beziam cùm omnibus rebus
« ad prædictam ecclesiam pertinentibus;
« has eleemosynas tenebunt et possidebunt
« prædicti canonici libère et quieté ab om-
« nibus rebus mihi et heredibus meis per-
« tinentibus... »

Charte de confirmation par Philippe Lepohier.

« Notum sit, etc... quod ego Philippus
« Lepohier... confirmavi canonicis sancti
« Johannis de Falesià donationem quam
« dederunt eis Guillelmus de Bellarià et
« ejus participes, etc., etc., etc. »

En 1311 un Roland Lepohier, prêtre, fils
de Robert, abandonnait encore tous ses
droits, sur les patronage et dîme du Mesnil-
Hermey.

Cette paroisse, appartenant aussi au doyenné d'Aubigny, eut pour curés :

En 1489 Laurent Leclancher.

1540 de Vassy, Gratien.

1552 Antoine de Rouvray.

» » Jacques de Vassy.

1558 Thomas Lecoq.

1559 Michel Guillochon.

1576 Fleury Clément.

1579 Guillaume Delalande.

1581 Jean Picard.

» » Marin Guillaume.

1626 Jean Hubert.

1626 Julien Pitel, nommé doyen d'Aubigny le 20 décembre 1640, et plus tard de Falaise.

1662 Jean Enguerrand Pigeon.

1674 Guillaume Gervais.

1725 Robert Maheut.

1734 Marin Levasseur.

1757 Guillaume Eudeline.

1768 Jacques Verrier.

1785 Guillaume Liard.

1787 François-Jean Lautour

Le demi-patronage du Mesnil-Hermey suscita de nombreux embarras à l'abbaye. Le roi Philippe le Hardi prétendit avoir tout le patronage. Appelé à juger la question, le bailli de Caen, aux assises de Falaise, le mercredi de la Fête de St-Pierre-ès-Liens, en l'outière du mois d'août 1274, donna gain de cause aux religieux. En 1278, une autre difficulté surgit entre eux et Jean Barentin, recteur de l'église ; l'official de Séez intervint, et une transaction eut lieu ; plus tard l'un des successeurs de Barentin ayant laissé la cure vacante par la résignation de son bénéfice, le roi Philippe VI, alors que c'était le tour de l'abbé de St-Jean, s'empressa de nommer un autre titulaire ; puis, les chanoines agirent de la même façon, contrairement aux conventions du 28 février 1331, et cette situation se prolongea jusqu'à la révolution, époque à laquelle Monsieur, frère du roi, et les religieux présentaient ensemble.

Comme le Mesnil-Hermey, St-Pavin relevait du doyenné d'Aubigny.

Curés :

Avant 1504 Guillaume Chevalier.
1504 Jean Lecreux.
1519 Jacques Douesy.
1546 Pierre Locquart.
»» Antoine Desbuats.
1554 Jérôme Gerard.
1563 Raoul Heron.
»» Christophe Calimas.
1578 Jean Levendangeur.
»» Nicolas Jean.
1619 Nicolas Pillet.
1642 Jean Aubert.
1677 François Belier.
1698 Jean Aubert.

1703 Guillaume Langlois.
1704 Jean Bertrand.
1422 Louis Lerebours.
1727 Pierre Lerebours.
1744 Pierre-Louis Chennevière.
1760–1789 Charles Brout.

En 1224, les religieux donnèrent leur dîme de ners à l'hôpital St-Lazire de Falaise.

L'abbé Gautier II mourut le 13 novembre 1231.

1231. — DENIS.

Ainsi que nous l'avons dit, ce fut pendant son administration que le patronage de St-Aignan d'Avesnes fut donné à l'abbaye. La première année de son installation il obtint de l'archevêque de Rouen, Maurye, la confirmation de la fondation du monastère ; sans doute à la sollicitation de Hugnes II, évêque de Séez, qui assistait à l'échiquier des fêtes de Pâques.

D'après la nécrologie de Silly, Denis mourut en janvier 1233, après avoir obtenu encore du chapitre de Séez quatre sepliers d'avoine à prendre à Eraines.

1233. — ADAM.

Cet abbé ne fut que pendant une année

7

à la tête de la communauté. A cette époque Falaise avait pour chefs : un maire, un vicomte et un gouverneur ; le bailli de Caen y venait tenir lui-même ses assises.

Le duché était divisé en sept diocèses : Rouen, Bayeux, Avranches, Evreux, Séez, Lisieux et Coutances.

Le diocèse de Séez était composé de l'archidiaconé de Séez, d'Exmois, du Houlme, de Bellemois et du Corbonnais. Le doyenné de Falaise dépendait de l'archidiaconé d'Exmois.

Le diocèse comptait dix monastères : St-Martin de Séez, St-Pierre-sur-Dives, Almenèches et Vignats, appartenant à l'ordre de saint Benoist, Essey (ordre de saint Augustin), St-André-en-Gouffern, la Trappe et Villers-Canivet (ordre de Citheaux), et St-Jean-de-Falaise et Silly (ordre de Prémontré).

1234. — GUILLAUME II.

Son nom figure dans les chartes relatives à l'abbaye du Tréport.

1234. — ROGER.

La cartulaire de Bellosane fait mention de cet abbé sur lequel le Gallia Christiana ne donne aucuns détails.

12.. — THOMAS 1er.

Le livre blanc de l'abbaye constate la confirmation en 1243, par Hugues du Buisson, de divers héritages entre St-Honorine et Eraines ; et diverses donations à différentes époques par Pierre du Pont d'Ouilly, maire de Falaise, Raoul du Pont-d'Ouilly pour deux tènements à la Vallée et à Fourneaux, Hamon Lefèvre, d'Habloville, et le chevalier Mathieu d'Oumois.

Un évènement considérable de ce temps, fut l'excommunication de l'empereur d'Allemagne, par le Pape Innocent IV, qui ordonna à tous les curés de reproduire en leur nom cet anathème. Dans une histoire des papes, provenant de l'abbaye de St-Jean, nous lisons avec plaisir la réponse à cette injonction de l'honorable curé de St-Germain-l'Auxerrois.

Ce prêtre consciencieux monta en chaire et dit à ses paroissiens : « J'ai reçu ordre du Pape d'excommunier l'Empereur ; je sais qu'il y a entre eux de fort grands démêlés, mais je ne sais qui est celui qui a tort et qui fait outrage à l'autre ; c'est pourquoi j'excommunie celui qui a tort et j'absous celui qui a raison. »

Avant 1251. — GAUTIER III.

Le même Pontife, Innocent IV, en 1251, adressa à Gautier III une bulle par laquelle il prenait l'abbaye sous sa protection spéciale et confirmait toutes ses donations tant en France qu'en Angleterre. Dans cette confirmation se trouvèrent compris les dons récents de Robert de Jort, pour deux pièces à Epanney, de Gervais, fils d'Odon, pour une rente à l'hôpital avec le consentement de Richard Leroux et de Michel Carabillon, enfin d'Alvérède de Vesqueville et de Béatrix la Française, sa femme, pour une rente d'orge.

1252. — ROBERT III, de BOCÉ.

En décembre 1252, l'évêque et le chapitre de Séez donnèrent aux religieux de St-Jean leur dîme de Bons qu'ils possédaient *ad opus sacristaniæ*, en échange du patronage de St-Hilaire-la-Gérarde, de terres entre le ruisseau de Thouenne et les aulnes ou communes Louvet ou Blanche-Lande, le manoir de Thouenne, fieffé à Thomas de Rouvres, dignitaire de l'église de Séez, les patronages de St-Pierre-de-Bray et du Cercueil, et le Vol-du-Chapon, que Nicolas Louvet et son fils Robert avaient donnés à l'abbaye avant 1221, époque à laquelle la fille du comte d'Almenêches et l'évêque de Séez, Gervais, confirmèrent et sanctionnèrent ces donations. Le droit de présentation aux cures des paroisses susdites passa donc des mains de Robert de Bocé entre celles de l'évêque et du chapitre de Séez, et le monastère se trouva en possession de la dîme de Bons dont le patronage restait à l'évêque. Ce patronage donna lieu à des prétentions de la part du seigneur temporel, Guillaume Le Blanc, qui perdit son procès aux assises de Falaise de l'an 1314. En 1440 les débats recommencèrent, et le 17 août 1441, le bailli de Caen dessaisissait l'évêque du patronage qu'il conférait à Etienne Hue. Depuis cette époque, les seigneurs temporels présentèrent à la cure. Quant à l'abbaye, elle continua de percevoir un tiers des grosses dîmes de la paroisse qui à cette époque avait une très-grande importance.

Au mois de septembre 1260, l'abbaye reçut dans son sein l'archevêque de Rouen, Odon Rigault, l'évêque de Lisieux, Foulques, l'évêque d'Avranches, Richard V, l'évêque de Coutances, Jean I d'Essey, et l'évêque de Séez, Thomas d'Aunou. Ces prélats délibérèrent, dit le *Gallia*, *super negotio cruce signatorum et clericorum uxoratorum*.

Pendant sa direction, Robert de Bocé, acheta en 1253 de Pierre de Pont-d'Ouilly ses droits dans le fief de Mathilde Lafrançaise ; en 1257 de Sybille, veuve de Thomas Bataille, une rente d'orge à Rouvres ; en 1259 d'Emma de Bellière ses droits sur une place et maison à Guibray ; en 1259 du chevalier Gervais de Sacy, une pièce à Sacy, dite la Gare-d'Yre ; en 1260 de Richard Aanor douze sous tournois de rente et une obole sur une maison et masure à Condé, rue du Mont-Crotel ; en 1261 de Pierre de Tostes ses droits sur le tènement de Thomas Lecauchois à Tôtes ; en 1261 de Gervais Burellon une rente sur un tènement, rue de Bocey, à Guibray ; et en 1262 de Thomas Bertin ses droits sur le tènement de Geoffroy Tallebot, à Falaise, situé sur la paroisse Trinité entre la terre de Guillaume le Ber et le doytum (ruisseau) courant du Pré-de-la-Chesnaie dans la rivière d'Ante.

Il reçut également les dons, en 1259, de de Raoul Leverrier, pour ses droits sur des biens vendus à Raoul de St-Jean, médecin à Falaise ; et en 1265 d'Arnold d'Olendon, clerc, pour la quatrième partie du moulin d'Escousac dans la paroisse de St-Martin-de-la-Roque.

Dès 1261 Robert de Bocé avait renoncé en faveur de l'abbaye de St-André à tous ses droits sur les pâtures et bruyères de la Huguette, vendus par Richard, Gautier, Pierre et Robert de Bougy, et il avait avec Mathieu d'Eraines fixé les limites des landes qu'il conservait moyennant neuf livres de rente.

Vers 1266. — ETIENNE I, D'OYNE.

A cette époque, deux personnages de ce

nom, Michel d'Oyne, recteur de l'église de
Saint-Patrice-de-Quatre-Puits, et Thomas
d'Oyne, son frère, clerc de l'abbaye de
St Jean, donnèrent à l'église Ste-Trinité di-
verses redevances qui leur étaient dues à
Falaise.

En 1266, Etienne d'Oyne acheta de
Raoul Morand et d'Alix un pré à Guibray.

Après 1266. — GAUTIER IV.

La mort de cet abbé fixée par le nécrologe
ou obituaire de Bellosane au 8 octobre 1269,
ainsi que la vente par Agnès, veuve de Michel Legrant, en 1268, de six sous tournois
de rente à prendre sur sa maison de Guibray, sont les seuls documents que nous
ayons pu recueillir.

1270. — MICHEL de St-AUDOMARE.

En 1272, Jean de Villy, clerc, donna à
l'abbaye deux septiers d'orge de rente pour
la pitance des moines ; et une autre rente
de huit sols pour l'achat et l'entretien d'une
lampe devant le crucifix du monastère. Ses
frères, Guillaume et Pierre de Villy, confirmèrent cette donation. Une livre de poivre
fut également donnée par Robert et Jean de
Ners.

1276. — ETIENNE II.

L'austérité de la règle de saint Norbert venait de subir de sensibles améliorations ; le nouvel abbé de St-Jean les accueillit avec bonheur. Il réunit son chapitre, et proposa, ce qui fut accepté, d'affecter le produit des moulins de Vaux et de Baffolet et de la maison de Montmartin à une pitance de vin et à l'achat de viande et de poisson. Les viviers de Falaise qui firent partie des possessions de l'abbaye furent établis quelque temps après, et le poisson y abonda tellement que les religieux fieffèrent aux bourgeois de Falaise, représentés par leur vicomte Simon de Bailleul, les fossés, moulin et vivier de la Porte, nommée alors Porte-de-la-Thuilerie et depuis Marescot ou Mauduit. Cette porte était élevée à l'extrémité de la ruelle du vieux marché St-Gervais, entre les rues Basse et des Capucins. Cette fieffe eut lieu moyennant dix livres de rente que la ville s'obligea à servir à l'abbaye. Ce vivier ou étang, connu sous le nom de Vivier-Boutry, alimentait un moulin à couteaux établi au-dessous de sa chaussée. On sait que l'industrie des couteaux fut long-temps florissante dans nos murs, et qu'elle était renommée au loin. En 1525, l'emplacement du moulin fut fieffé par les moines à Jean Leplat, et le Vivier-Boutry se trouva dans la suite transformé en jardins plantés d'arbres, nommés les Jardins-du-Refour.

La construction des Viviers Voisin et de la Boucherie, à la porte de Bocey, peut remonter à 1280. Le ruisseau, venant de la Trigale, formait à cet endroit un étang qui séparait la chaussée dite : Boulevard-de-la-Bastille-de Bocey. Le nom Voisin n'est sans doute pas le nom primitif ; car dans un vieux registre, écrit en lettres gothiques et portant énumération des titres de l'abbaye il est fait mention, selon un factum des religieux, rédigé dans le dernier siècle, d'un contrat en date du 3 mars 1328, par lequel Thomas Voisin fieffa à Gervais de la Rivière, un manoir situé à Guibray, entre les deux portes de Bocey ; un aveu de 1384, précise davantage et indique le ménage du sieur de la Rivière comme étant assis sur le vivier Voisin, à la première porte de Bocey, vers l'abbaye ; nous croirions assez volontiers que le vendeur du sieur de la Rivière avait donné son nom au vivier. Le vivier Voisin fut desséché en 1670, et, comme le vivier Boutry, transformé en jardins, qui prirent le nom de Jardins-du-Pré-de-la-Quenelle. Quant au vivier de la Boucherie, sa dénomination s'explique d'elle-même. La boucherie de Falaise était en dedans des fortifications, auprès de l'Hôtel-Dieu ; dès 1418, à peu de distance de ce vivier, était un moulin à draps. Un autre vivier, le vivier Postel existait aussi à la porte le Comte ; des titres de 1474 en font mention.

L'abbatiat d'Etienne II, nous rappelle une donation de Michel de Villy en 1279 ; une rente due par Nicolas Lecarpentier en 1824 ; une vente faite par Thomas, fils de Raoul le Baup en 1284 ; un accord en 1286 entre l'abbé de St Jean et Philippe, abbé de Troarn, au sujet de biens à Guibray ; une donation en 1293, par Jean de Tilly, chevalier ; une reconnaissance par Colin, dit Miroie, en 1296 devant le maire de Falaise, d'un terrain entre les religieux et les frères de St-Lazare ; enfin un acte passé devant Jehan Viel, maire de Falaise, en 1308, constatant le service d'une rente de six sols due à la ville par les religieux.

Pendant l'administration de l'abbé de St-Jean, un falaisien, Denys Benaiston, fut appelé à l'Evêché du Mans. Né à Falaise vers le milieu du XIIIe siècle, Benaiston, dont les études avaient sans doute été commencées dans notre monastère, quitta de bonne heure sa ville natale et fut admis dans les rangs du clergé de Paris où son mérite et ses précieuses qualités lui valurent successivement le titre de chanoine, la dignité d'archidiacre et bientôt celle de chantre dans l'église cathédrale de Notre-Dame.

Au VIᵉ siècle l'archidiacre avait une juridiction qui le faisait regarder comme la
première personne après l'Evêque ; plus
tard, ses pouvoirs furent restreints ; son
autorité avait porté ombrage à l'Episcopat.
Quant à la dignité de chantre à Notre-Dame,
elle était en 1679 la seconde à la collation de
l'archevêque ; le chantre avait l'institution
et l'inspection des petites écoles de la ville et
des faubourgs.

Benaiston était à la hauteur de ses diverses
missions ; il connaissait à fond les décrets
du célèbre canoniste Gratien, sorte de com-
pilation des textes de l'écriture sainte, des
canons des apôtres et des conciles, des dé-
crétales des papes, etc ; il était également
très versé, dit le savant bénédictin dom
Paul Piolin dans son histoire de l'église du
Mans, dans les subtilités du Digeste et des
Pandectes. Nous devons un extrait de cette
histoire, tirée du martyrologe de l'église du
Mans, à l'obligeance de M. Manceau, bibliothécaire de cette ville.

C'était le temps, dit le même bénédictin,
où la connaissance des lois ouvrait la porte
à toutes les charges tant dans l'église que
dans l'ordre civil. Cette connaissance, très
peu répandue alors, faisait pleuvoir toutes
sortes d'honneurs sur celui qui la possédait.
Le chapitre de Notre-Dame ne s'en montra
point avare envers Denys dont l'opinion en

matière civile comme en matière religieuse faisait autorité.

La guerre était à cette époque déclarée entre la France et l'Angleterre ; une rixe entre deux matelots, l'un Anglais et l'autre Normand, l'avait allumée. Philippe-le-Bel comprit que cette situation exigeait un entourage d'hommes d'élite ; il tourna ses regards vers la métropole parisienne et appela dans son conseil le savant Falaisien.

Lors d'une asssemblée des États généraux tenue au Louvre en 1292 sur la convocation du roi de France qui avait cité devant cette cour souveraine, le roi d'Angleterre, Edouard Ier, lequel ne jugea point à propos de comparaître, Denys Benaiston montra une supériorité telle que quatre ans après, le 24 janvier 1296, dans une réunion de conseillers qui avait lieu au palais du roi et à laquelle il assistait, l'assemblée, à l'unanimité, l'appelait à l'évêché du Mans, devenu vacant, et lui délivrait ses lettres de provision sans demander avis à la cour de Rome.

Cette façon d'agir du roi de France qui ne consultait d'autre autorité que la sienne, et sa levée de deniers sur le clergé, irritèrent vivement Benoît Cajetan qui occupait alors le trône pontifical, et que l'histoire connaît sous le nom de Boniface VIII. Ce Pontife, impérieux et hautain, prétendit que la collation des prébendes et bénéfices lui appartenait, fit défense aux ecclésiastiques d'effectuer le paiement réclamé, et lança sur la tête royale une bulle d'excommunication. Philippe-le-Bel songea alors à marcher sur Rome, et poursuivit son œuvre.

Dans ces circonstances difficiles le rôle de l'Evêque du Mans était tout tracé. Conseiller du roi et prince de l'Eglise, il devait nécessairement s'efforcer de rétablir la concorde entre les deux souverains ; mais ses tentatives de conciliation n'eurent point les résultats qu'il espérait : toutefois, ceux qui en étaient l'objet lui tinrent compte de sa généreuse intervention. Nous voyons en effet Boniface VIII, confirmer avec l'agrément du conseil des cardinaux, l'élection de Denys à la chaire de St-Julien, et honorer le titulaire de sa haute faveur.

L'évêché du Mans, quand Benaiston vint en occuper le siège, était spirituellement et temporellement en proie à la plus complète anarchie ; et des désordres de toute sorte précipitaient la ruine du diocèse.

« Heureusement, dit l'historien de l'église « du Mans, Denys Benaiston avait reçu une « âme généreuse et capable de se mesurer « avec les obstacles ; de grandes vertus, une « vie parfaitement régulière et même aus- « tère, une générosité rare, une science « étendue et profonde unie à beaucoup de « prévenance et de douceur lui gagnèrent « promptement l'affection de ceux dont il

« pouvait redouter plus probablement une
« vive opposition. »

Ce déplorable état de choses avait favorisé
les empiètements et les usurpations ; l'Evêque d'Angers, Guillaume le Maire, au mépris des titres les authentiques, prétendait
étendre sa juridiction sur les paroisses de
Sablé, Malicorne et autres. Denys, après
avoir en vain fait valoir ses droits, se vit
forcé de soumettre l'affaire à l'appréciation
de l'archevêque de Tours et de l'Evêque de
Nantes qui n'hésitèrent pas à lui donner
gain de cause.

Ce résultat étendit encore la renommée de
Benaiston et le désigna comme arbitre dans
toutes les contestations ; il se plaisait
d'ailleurs à appeler devant lui les personnes que des intérêts quelconques divi-
saient, et par de douces remontrances et de
sages conseils, il les amenait à d'amiables
accommodements. Son intelligence, sa
loyauté et son zèle infatigable triomphèrent
peu à peu des difficultés les plus sérieuses,
et rétablirent la discipline et la concorde.
Denys fut regardé comme le *pacificateur de
la province*. Ce fut lui qui approuva de son
sceau épiscopal la fondation de la communauté d'Ernée et qui fit réparer le château
d'Yvré; il donna à l'église cathédrale du
Mans plusieurs riches ornements, puis 40
livres pour la fabrique et 200 livres pour
son anniversaire.

Danys Benaislon occupa le siège de l'Evêché du Mans pendant deux ans un mois et
treize jours il mourut le 3 mars 1298 em-
portant avec lui les regrets, l'estime et l'affection de tous. Son nom est resté en pieuse
vénération dans son diocèse ; et Falaise, sa
ville natale, bénéficie de sa gloire et de ses
vertus.

Vers 1310. — RAOUL, I. le LUCTIER.

Ce fut un chanoine de l'abbaye de la Luzerne qui succéda à Etienne II. Son nom
seul nous est connu.

Après 1310. — JEAN II, d'ODEMAN.

Ce personnage était procureur de l'abbaye.
Il en devint abbé après Raoul le Luclier.
Vers cette époque, les d'Odeman étaient
assez nombreux dans le pays. Un Etienne
d'Odeman figure en 1290 ; en 1301, Etien-
nette d'Odeman vend à Raoul d'Ange, bourgeois de Falaise, un pré situé à peu de distance du Pont-d'Ouilly ; Robert et Guillaume d'Odeman font des donations à l'abbaye
de St-André, dans la paroisse du Mesnil-
Renouard ; enfin en 1334, nous voyons un
Mathieu d'Odeman porter le titre de sire de
Mieux.

Diverses donations furent faites à l'abbaye

pendant l'abbatiat de Jean d'Odeman, par
Raoul Conseil, clerc, en 1316 ; par Jean
Lecoupil et Jean Lepetit en 1317, ainsi que
par Pierre Lebrille et Marguerite, sa femme,
et en 1318 par Gilles, abbé de St-Martin.

13. — PIERRE I, MAILLARD.

Par acte passé devant les tabellions de la
ville, Pierre Maillard acheta de Jean de
Falaise, écuyer, moyennant vingt sols de
rente, une place pour asseoir des tuyaux de
plomb destinés à amener l'eau de la fontaine
Leroux dans un abreuvoir établi à la porte
d'entrée de la grande cour de l'abbaye. La
fontaine Leroux qui figure dans les anciens
actes sous cette dénomination, était située
sur le bord du chemin dit de la Fontaine-
Couverte, tendant du hameau de Caudet au
champ-de-foire ; elle était close de murs, et
l'aqueduc dont partie était en bois de chêne,
traversait le Pré-du-Griffon et les terrains
qui devinrent plus tard la propriété des
dames Ursulines. Cette fontaine est aujour-..
d'hui entièrement cachée ou remplie par des
décombres. Dans le même chemin, il existe
encore une fontaine connue sous le nom de
Fontaine-Couverte, et qui est à l'usage des
gens du quartier.

Vers la fin de l'administration de Pierre
Maillard, les religieux, d'après leurs déclarations, inféodèrent une partie de leur do-

maine ou Aumône que la faveur des souverains avait amorti et anobli ; quelques fieffataires ne remplissant pas leurs engagements, le Sénéchal de l'abbaye rendit contre eux diverses sentences de saisie et autres que le prévôt fut chargé d'exécuter : mais les habitants se plaignirent, et le maire, Thomas Bertin, s'opposa énergiquement à l'exécution des jugements ; les religieux, selon lui, n'ayant aucun droit de juridiction dans l'enceinte de la ville. L'abbé de St-Jean ne se tint pas pour battu ; il soumit la question à l'échiquier de Normandie qui, par arrêt en date de 1354, reconnut les droits des religieux et condamna le maire à une amende.

De nouvelles difficultés surgirent-elles plus tard à ce sujet, ou l'abbé voulut-il seulement, pour mettre dans l'avenir son monastère à l'abri de toute atteinte, obtenir une sanction de l'arrêt de 1354, toujours est-il qu'en 1363 le Dauphin Charles, fils de Jean le Bon, confirma la sentence de l'échiquier et maintint les religieux dans la possession et jouissance de leur fief de St-Jean à cour, à usage, et justice sur les habitants de Falaise *resséants sur le dit fief*. En 1366, le même prince, devenu roi de France, confirma les précédents arrêts, ainsi que toutes les chartes de donation des ducs de Normandie, en faveur du monastère. Dans cet acte de confirmation il était spécifié que « tous les biens de fondation des reli-

« gieux étaient possédés par eux en pure et
« perpétuelle aumône, franchement, quitte-
« ment de tous pieds, tailles, querelles,
« exactions, comme la propre aumône des
« princes, retenus et réservés en leur pos-
« session et garde spéciale comme leur propre
« chose ; pourquoi au roi seul ils étaient et
« devaient être sujets en toute juridiction
« temporelle, eux et leurs hommes, tenant
« de ladite fondation et des choses qu'elle
« pouvait comprendre, tant en cas de res-
« sort de leur simple justice, et qu'en toute
« chose au maire de la ville ni à sa juridic-
« tion n'étaient ni ne devaient être sujets
« pour leurs biens de fondation. »

Le fief noble de St-Jean ou fief de fondation avait son extension tant en la paroisse
de Guibray qu'en la ville et bourgeoisie de
Falaise.

Les maires durent nécessairement s'incli
ner devant la décision royale qui ne laissait
aucune prise à contestation. L'abbaye
triomphait... déjà, en 1351, elle avait obtenu
de l'évêque de Séez, Guillaume Mauger, que
la dîme des avoines dont les habitants de
Falaise avaient la dixième gerbe lui appar-
tint en totalité. Toutefois, il y eut un accord
à cet égard, ce qui laisserait supposer qu'une
compensation quelconque put être accordée.

1356. — REGNAULT-MECHIN.

Cet abbé était un orateur de mérite et un homme d'état distingué. En 1354, il fut envoyé dans le royaume de Castille pour y faire des prédications. Cette mission n'était pas sans périls, car le royaume sous la domination de Pierre le Cruel offrait peu de sécurité pour un missionnaire français.

Au mois de février 1355, le dauphin Charles, appelait Regnault à la Chambre des enquêtes ; mais au mois de mars 1356 il encourait la disgrâce du jeune régent qui le priva de toutes ses charges. Nous ignorons le motif de cet acte de sévérité que nous trouvons constaté dans les ordonnances des rois de France, où nous lisons entre autres choses :

« ...... et comme justice ne peut être
« bien gardée ni maintenue si ce n'est par
« personnes qui soient bonnes , loyaux.
« sages et experts, et mêmement de tel état
« comme ceux du Conseil de notre dit sei-
« gneur et père, du nôtre, des hôtels de lui
« et de nous, de la cour de parlement, de la
« chambre des comptes, des enquêtes, requê-
« tes, qui sont les principaux de tout le ro-
« yaume et des dépendances, nous, par bon
« avis, et pour plusieurs causes qui à ce
« nous ont meu, avons privé et privons,
« débouté et déboutons de tous les offices,
« services et conseils de notre très cher sei-

« gneur et père et des nôtres, et sans rappel
« comme indignes, c'est à savoir : Pierre de
« la Forest, Simon de Bucy, Robert de Lor-
« ris, Enguerrand du Petit Cellier, Nicolas
« Bracque, Jehan Chauvel, Jehan Poillevil-
« lain, Jacques l'Empereur, Jehan Douxerre
« Jehan Challemart , Pierre d'Orgemont,
« Pierre de la Charité, Pierre Ancel, Choc-
« quart, frère Regnault-Mechin, abbé ad
« présent de Falaise .... etc. »

En 1359, Méchin rentrait à la chambre
des enquêtes ; la confiance du dauphin lui
était rendue.

Vers 1360. — RAOUL II, le FOUSSOUR.

Le pape Innocent VI, informé qu'une
contestation existait entre l'abbesse de Vignats et un personnage du nom de Robert
Sculptin, qui avec l'approbation de l'évêque
de Séez, Gervais de Belleau, faisait valoir
des droits sur les possessions des religieuses
donna pour arbitres aux parties les abbés de
St-Jean et de St-André-en-Goufferu. Raoul
le Faussour émit une opinion favorable à
l'abbesse, ce qui lui suscita quelques démêlés avec l'officialité de Séez; mais cette officialité qui allait bientôt être déplacée com-
mençait à perdre de son influence surtout
sur les justiciables de Falaise.

La ville ayant été comprise très-anciennement dans le pays Exmois (in Oximensi pago), dépendait de temps immémorial des évêques de Séez, qui, selon certains auteurs avaient primitivement établi leur siége épiscopal à Exmes. En 1370, Charles V démembra de la vicomté de Falaise, les ville, châtellenie et sergenterie d'Exmes, et les céda à Pierre II, comte d'Alençon, et à Robert, son frère, comte du Perche ; puis il assujettit à la chatellenie de Falaise l'église de Séez et ses dépendances qu'il s'était réservées. Les évêques sagiens et leur chapitre furent alors soumis au pouvoir civil de la vicomté falaisienne, sur laquelle ils continuèrent néanmoins d'exercer leur juridiction spirituelle.

Le vicomte de Falaise, Robert Assire, vit avec joie cette annexion qui établissait un équilibre entre l'influence ecclésiastique et l'autorité vicomtale. Déjà dès 1358, son prédécesseur Guillaume Michel, profitant de l'anarchie qui désolait la France, avait, de concert avec le procureur du duc d'Alençon, fait saisir le temporel de l'évêché ; mais sur la plainte adressée au régent par Gervais de Belleau, qui était évêque depuis deux ans, des lettres d'ajournement au prochain échiquier furent adressées au vicomte et au procureur qui voulaient contraindre le prélat à venir plaider à Falaise, devant le chevalier Robert de Fontenay, commissaire du bailli de Caen.

Nous avons dit que les religieux avaient fieffé une partie de leur domaine. L'un des fieffataires était Richard Brunehaut que représentèrent successivement Pierre de France, Robert Tailleboscq. Robin le Vilain, Robin Varin, Thomas Cointel, Guillaume de France. Gervais le Sage, Denis Duhau, Henri la Souris, Philippe Lemonnier, sieur de Savilly, Alexandre le Corsonnais, écuyer sieur de Vauxroger, Marguerit, les religieuses Ursulines, moyennant trente sols de rente, et le sieur Larivière.

La portion des biens fieffés, comprenait les maisons, jardins et pré, dépendant du Valbuquet. Ce pré, ainsi que le constate un accord passé aux assises de Caen en 1371, était déjà connu sous le nom de Pré-Brunehaut et contenait un acre ; vers le commencement du dernier siècle il était en pré et en pépinière..., tout cet ensemble était jouté par le petit vivier et les fossés de la ville, le chemin du Valbuquet, et par les jardins de la Tour-Grise et ceux de la Trigale, il comprend aujourd'hui la propriété de la Fleurière, désignée aussi dans les titres sous le nom de Valbuquet.

Ce nom est resté attaché à une autre propriété que possède M. Bigotière, et qui est un démembrement de tous les terrains compris autrefois sous cette dénomination. Elle est longée pour partie par la route de Putanges, et elle était autrefois coupée par un chemin creux, nommé la Cavée. Les seules traces de ce chemin qui subsistent sont l'entrée de la ferme et le rapide et étroit sentier qui tend de la route de Putanges au chemin du Petit-Bordel. Ce sentier, bien qu'il fût le prolongement du chemin de la Cavée, portait à l'époque des inféodations dont nous parlons, le nom de Voie-du-Buot ou Chemin-du-Bû ; il longeait et longe encore les Jardins-d'Eraines.

En 1371, Guillaume de France, représentant Brunehaut, et Jean le Commun, reconnurent qu'ils devaient à l'abbaye une rente de 40 sols et non 50, pour un bébergement situé près le cimetière de l'Hôtel-Dieu. En 1374, Gervais Lesage, autre représentant, rendait aussi aveu, ainsi que Pierre Postel auquel les religieux venaient de fieffer une masure et un moulin au-dessus de leur Vivier-Boutry. La même année, les religieux de St-Evroult venaient occuper à Falaise une maison que le roi de France leur donnait.

1380. — GUILLAUME III, LAMBERT.

Cet abbé donna quittance au vicomte de Falaise, Regnault Bigault, de la rente due pour les chapelles du château. Cette pièce est déposée aux archives de la bibliothèque nationale.

En même temps que les religieux fieffaient une partie de leurs propriétés, ils faisaient de nouvelles acquisitions. En 1384, ils achetèrent de Jean Malfilâtre et de Guillaume Labbé tous les héritages et droits que ceux-ci possédaient dans la rue de Boucey.

Vers 1388, le sénéchal de l'abbaye, Jacques Talbot, reçut les aveux de divers fermiers, locataires et autres.

A cette époque, Pierre II, comte d'Alençon, que sa charité et ses largesses envers les communautés rendaient très recommandable, octroya aux religieux des lettres d'amortissement de tous droits royaux, présents et à venir. Il tint ses échiquiers tant à Alençon qu'à Argentan en 1371, 1372, 1375 1389, 1392, 1396, 1402 et 1406. L'abbé de Saint-Jean assista à celui du 25 février 1392 à Alençon.

En 1390, Guillaume le Diacre qui le premier réunit en ses mains les deux juridictions de la mairie et de la vicomté de Falaise, ordonna aux chanoines de dresser un papier terrier, et de passer devant lui les déclarations de tous leurs biens. Le 26 septembre de la même année, Guillaume Lambert se conforma aux instructions du vicomte. Parmi les bulles de privilèges dont il présenta ou les originaux ou les copies, il s'en trouva qui exemptaient les abbés de la juridiction des évêques.

Les religieux de Saint-Ouen de Rouen,

furent également obligés de rendre aveu des
fiefs et membres de fiefs qu'ils possédaient
dans la vicomté Un mandement du juge de
Falaise de l'an 1390, déposé aux archives
du Calvados, constate l'obligation de remplir cette formalité.

En 1402, les religieux de Saint-Jean
fieffèrent les Jardins-d'Eraine que bornaient
la rue de Boucey, le chemin du Valbuquet,
la voie du Buot et l'héritage ou maison des
Sept-Saints ou des Sept-Dormants. Cet
héritage comprenait le pâté de maisons sis
derrière le calvaire de Guibray, et l'emplacement sur lequel s'élève ce calvaire porte
le nom de Butte-des-Sept-Saints. On raconte
que dans des temps reculés une femme
accoucha dans ce lieu de sept enfants qui
furent mis sur un plateau, reçurent le bap-
tême et moururent immédiatement.

En 1404, une partie du bois de la Goupil-
lière, joutant la bruyère de l'abbaye fut fieffée à Guillaume Blondel.

En 1405, l'abbé de Saint Jean et Pierre
du Merle, seigneur de Couvrigny, passèrent
devant le vicomte de Falaise un compromis
au sujet du partage du Bois-Panton. A cette
époque la famille du Merle possédait le gouvernement de Falaise. La même année, les
religieux fieffèrent à Renaud Roussel et à
Richard du Rocher, moyennant 23 sols de
rente et les devoirs seigneuriaux, une pièce

de terre connue d'abord sous le nom de Champ-Saint-Michel parce qu'elle avait anciennement fait partie des terrains où se tenait la foire, et depuis Champ-de-la-Tuilerie, parce que les chanoines exploitaient ce fonds pour la fabrication de tuiles. En 1433, l'abbaye rentra en possession de cette pièce ; puis en 1569, elle s'en dessaisit de nouveau au profit de Jean de Vauquelin, avocat à Falaise. C'est dans ce champ, situé entre la ligne du chemin de fer et la nouvelle route de Livarot, qu'est établi le jardin public avec lequel se confond l'ancien Cours Labbé. Les terrains qui s'étendent devant le château de la Fresnaye et qui faisaient partie de la pièce ci-dessus, avaient été également ment fieffés à Fraslin du Rocher et à Jean Durand, en 1456

Les extraits des chartes de M. d'Anisy, rappellent encore pendant l'administration de Guillaume Lambert, des reconnaissances de rentes faites devant le sénéchal de l'abbaye, des inféodations à divers, une sentence des plaids de Falaise de l'an 1406, adjugeant aux chanoines les arrérages d'une rente sur une maison de la rue des Boulangers, etc. Ces documents sont sans importance.

1416. — PIERRE II.

L'époque que nous traversons fut désas-
treuse pour la ville. A peine une peste hor-
rible s'éloignait de ses murs que la guerre
menaçait de l'envahir. L'abbé de Saint-Jean
eut à lutter contre ces deux redoutables
fléaux et il lui fallut dans ces circonstances
l'énergie et le dévouement que la charité
pure peut seule inspirer.

Dans ces temps malheureux où les efforts
de tous sont souvent insuffisants pour triom-
pher des obstacles, il est pénible de voir
surgir des contestations, des démêlés particuliers. Ainsi, à tort ou à raison, le maire
et les habitants de Falaise inquiétèrent les
religieuses de Villers-Canivet dans leurs
possessions. Ces dames se plaignirent et
l'abbé de Saint-Jean, qui avait pris en main
leurs intérêts, obtint du roi Charles VI des
lettres qui ordonnaient à l'échiquier de
Normandie de statuer sur cette affaire.

En 1417, l'officialité de Séez fut transpor-
tée à Falaise. Jean Durozel était official en
1421 ; le curé de Soignolles exerça après lui
ces fonctions pendant 33 ans. On sait que
l'official était un juge ecclésiastique, nommé
par l'évêque pour exercer en son lieu et
place, la justice épiscopale du diocèse. Ce
tribunal était composé d'un vice-gérant,
d'un promoteur, d'un greffier et d'un appa-
riteur.

Les manuscrits de la bibliothèque impériale font mention de Pierre II, en 1427. Ce
fut pendant son occupation du siège abbatial
que le roi d'Angleterre, Henri V, s'empara de
Falaise et y transféra l'officialité, qui, selon
Beziers, ne fut rétablie à Séez qu'en 1450.

———

Après 1427. — ROBERT IV, GRENGE.

Le Gallia cite deux abbés, Robert IV et
Robert V. Nous pensons qu'il y a là double
emploi, et que Robert IV doit seul figurer
ici. Ce personnage, dès 1425, le 8 mai, avait
été délégué par le chapitre général pour
assister avec Pierre III, le Mascrier, abbé de
l'Ile-Dieu, à l'élection de Guillaume V, le
Cordier, abbé de Silly.

En 1431, l'abbaye de St-Jean s'associa à
l'ordre des frères de la confrérie de Saint-
Antoine et de St-Maur de l'église de Lisieux.
La lettre d'association est conservée aux
archives du Calvados, et M. Flandin,
secrétaire général, a eu l'extrême obligeance
de nous donner en communication.

Nous avons vu que les religieux desser-
vaient les chapelles du château et percevaient
pour cette cause une rente sur le domaine.
Jusqu'à cette époque les engagements con-
tractés avaient été scrupuleusement remplis
de part d'autre; mais sous l'administration
du vicomte Rogier le Cloutier, le paiement

de la rente fut l'objet d'une vive contestation qui se prolongeant pendant l'occupation
du siège vicomtal par Guillaume Plompton,
obligea les religieux à faire entendre de
justes plaintes et à réclamer leurs droits. En
1437, la chambre des comptes donna ordre
au premier administrateur de la vicomté, de
faire une enquête ; celui-ci chargea son
lieutenant général, Nicolas Lepelletier, de
procéder aux informations et de recueillir
les témoignages des plus anciens et des plus
honorables de la localité. Le procès-verbal
du lieutenant général rappelle les noms et
l'âge de ces personnes ; les voici :

Jamet Perrois	80 ans.	
Ravent Vaudin,	70	
Guillaume Eudes,	40	grainetier de Falaise.
Jean Aubert,	70	} père et fils.
Philippin Aubert,	40	
Jean Gosselin,	60	écuyer.
Hamon Helouin,	60	
Michel Signor,	50	
Giro Jehan,	70	} père et fils.
Robin Jehan,	36	
Michel Fleury,	70	
Richard Lniller,	60	
Jehan le Diacre,	35	
Jehan Gosse,	50	

De l'interrogatoire de ces témoins dont
l'honorabilité et les souvenirs inspiraient

toute confiance, il résulta que de temps immémorial, les chanoines de St-Jean célébraient le service divin dans les chapelles du château, qu'ils administraient les Sacrements aux gens de la citadelle et qu'ils s'étaient toujours consciencieusement acquittés de leur mission.

Ces témoignages et les chartes de donation par Jean-sans-Terre et de confirmation par Philippe-Auguste étant parfaitement en rapport avec les déclarations des religieux, ceux-ci obtinrent en 1438 du bailliage de Caen et de l'échiquier de Normandie, des lettres et actes qui établissaient et réglaient leurs droits sur le chapelles du château.

En 1439, l'abbaye de St-Jean vit mourir Michel, ancien abbé de St-Evroult. Ce personnage qui avait joué un grand rôle, fut inhumé dans le chapitre.

Quant à l'abbé de St-Jean, Robert IV, il mourut en 1451, et son corps fut descendu dans les caveaux du cœur de l'église. Un an avant sa mort, le roi de France, Charles VII était venu faire le siège de Falaise, d'où il chassa les anglais sur lesquels il reprenait en même temps la Normandie qu'ils occupaient depuis 1418.

1452. — RICHARD DE LANDES.

L'évêché de Séez était, depuis deux ans,

confié aux soins intelligents de Jean de Pérouse, qui rebâtit le palais épiscopal, réforma la discipline ecclésiastique, et établit par mandement du 18 septembre 1450, la confrérie de St-Gervais et de St-Protais.

Ce mandement qui porte les signatures de l'abbé de St-Jean, Robert IV Grenge, de l'abbé de St-André-en-Gouffern etc., rappelait les désastres des guerres et les dommages occasionnés à la cathédrale ; dommages tellement graves que des ouvriers refusaient de suspendre une cloche dans la crainte que le clocher ne s'écroulât. En 1454, Robert de Cornegrue remplaça l'évêque Jean de Pérouse. Ce prélat vint a Falaise en 1464, et la ville, se on la coutume, lui offrit plusieurs pots de vin, dont un de vin blanc.

Richard de Landes, dont les manuscrits de la bibliothèque impériale font mention jusqu'en 1469, vit de nouveau s'agiter la question des chapelles du château que son prédécesseur avait fait résoudre à la satisfaction de la communauté. Les difficultés, il est vrai, se présentaient sous une autre forme ; mais il n'en fallut pas moins recommencer le combat. L'agresseur fut Jean le Rat, qui figure dans notre liste des curés de Falaise, et qui dès la première année de son installation à la cure de Ste-Trinité, en 1466, prétendit que les chapelles étant situées sur sa paroisse, c'était à lui qu'il appartenait d'y remplir toutes les fonctions ecclésiastiques.

L'abbé de St-Jean en référa immédiatement à l'official, qui, par sentence du 3 mars 1466, déclara que l'abbaye devait être maintenue dans ses droits. Trois ans plus tard, Richard de Landes cédait le siège abbatial à Philippe de l'Espinasse, et mourait, selon les annales, en 1470.

1470. — PHILIPPE ou PHILIBERT
DE L'ESPINASSE.

Le mérite et les vertus de Philibert de l'Espinasse, que l'abbaye de Saint Evroult comptait au nombre de ses religieux, attirèrent l'attention du pape Paul II, qui conféra à ce religieux le titre d'abbé et l'appela à la direction de la communauté falaisienne dont il prit le vêtement ; la même année, l'évêque de Cornegrue, originaire de Quesnay, près Falaise, le bénit dans l'église de Saint-Martin de Séez.

Cette époque fut l'âge d'or du monastère ; jamais sa prospérité morale et matérielle n'avait été aussi grande ; jamais sa renommée ne s'était étendue aussi loin ; nous ne serons donc point surpris de voir, en 1475, le successeur de Paul II, Sixte IV, se plaisant à reconnaître l'excellent choix de son

prédécesseur, et désireux de récompenser
les services rendus, permettre à Philibert
de l'Espinasse de porter la mitre, la crosse,
l'anneau et les autres insignes de la dignité
épiscopale ; et par un privilège tout spécial,
l'autoriser à donner la bénédiction solennelle aux principales cérémonies religieuses, à consacrer les églises, les autels et les
vases sacrés et à bénir les divers ornements
du culte.

Aucun abbé régulier de Saint-Jean n'avait
encore reçu une telle marque d'estime.

Lorsque les religieuses Ursulines, par
contrat en date du 19 avril 1652, acquirent
de l'abbé Paul de Machaut, moyennant
4,000 livres, un acre de terre en herbe et
plant, on voyait encore sur cette pièce une
vieille maison connue sous le nom de la
Crosse ; elle joutait l'auberge de la Fleur-
de-Lys et était elle-même à usage d'hôtellerie ; dans le contrat de vente les religieux
déclarèrent que cette habitation dépendait
de leur fief de Vaux ; le nom de cette demeure peut, pensons-nous, remonter à l'époque où Philibert de l'Espinasse reçut le bâton pastoral ; nous allons voir bientôt que
dans la ville de Séez, à peu de distance de
l'évêché, était une auberge où pendait aussi
la même enseigne ; et si pour remettre à un
abbé les insignes épiscopaux on observait, à
quelques détails près, le même cérémonial

9

que pour la prise de possession du siège de
l'évêché, l'origine de notre maison de la
Crosse laisserait peu de doute.

En 1474, les religieux fieffèrent à Pierre
Pion, maître d'hôtel à Falaise, le Champ aux
Oies, donné à la communauté par le fondateur Gonfroy. Ce champ, qui se confond sans
doute avec le Champ-aux-Œufs, appartient
à M. Bigotière, et joute le chemin de Caudet
au Champ-de-Foire, ou chemin de la Fontaine-Couverte, l'ancienne ruelle des Sou-
pirs, le Champ des-Soupirs, et la radresse
de Couvrigny.

Philibert de l'Espinasse mourut le 29 avril
1479.

Un Jacques de l'Espinasse fut le dernier
abbé régulier de Saint-Evroult ; voici la
notice du Gallia :

« Jacobus de l'Espinasse, nobilis æduen-
« sis, monachus cluniacensis, factus abbas
« uticensis, confirmatur à vicariis generali-
« bus lexoviensis episcopi 2 déc. 1466, regi
« fidem juravit 1467. Reperiturque annis
« 1470, 1475 et 1476. Regularium postre-
« mus obiit pridie cal. nov. 1484. Sepultus
« que est in capitulo sub tumbâ lapidea.
« Cesserat ante mortem in gratiam Augerii
« de Brie assignata sibi pensione in omnia
« monasterii beneficia. »

Un autre de l'Espinasse, Robert, était
abbé de Saint-Germain-des-Prés, sous
Louis XI.

A la même époque, dans le diocèse de Rouen, l'abbaye de Ressons avait pour abbé Philibert de Falaise, dont la mort est fixée à 1476.

1479. — JEAN III, JOUQUIN.

Jean Jouquin, prieur de Saint-Martin-du-Bû, fut appelé à succéder à Philibert de l'Espinasse, en 1479. L'abbé Silly, Maurice de Magny, assista à son installation, et deux abbés de l'ordre de Prémontré, Michel et Hubert, figurèrent comme présidents à la cérémonie de la confirmation. Le 11 mai de la même année, en présence de l'abbé de Silly et de Pierre III de l'Heur, abbé de Saint-Martin de Séez, Jean Jouquin fut béni par Gilles de Laval, coadjuteur et vicaire général de Robert de Cornegrue.

En 1484, l'abbé de Saint-Jean figura à l'échiquier de Normandie ; en 1499, le pape Alexandre VI le chargea d'installer Jean V, le Fort, comme abbé de Silly ; enfin, en 1501 le chapitre général, appréciant ses mérites, et son expérience, le nomma vicaire général de Normandie,

Jean Jouquin mourut le 8 février 1506.

1506. — THOMAS II de MALLEBICHE

Ainsi que nous l'avons vu, Thomas de Mallebiche avait été curé de Commeaux et de St-Aignan-d'Avesnes avant de diriger l'abbaye à laquelle il appartenait sans doute. Ce fut lui qui fit faire les stalles du chœur, transportées à la révolution dans l'église Sainte-Trinité de Falaise. Il mourut en 1516.

En 1510, un René de Mallebiche était curé de Corday.

En 1707, François de Mallebiche possédait la cure d'Abbeville.

1516. — ROBERT V, MOREL

D'après les éphémérides normandes de M. Lange, Robert Morel fut le 32e abbé de St-Jean ; dans notre chronologie il occupe la 33e place, parce que vers 1198 nous avons fait figurer Guillaume Ier qui n'est cité dans aucun des ouvrages que nous avons consultés, mais dont on lit le nom sur de vieux titres.

Robert Morel fit élever ou reconstruire la maison abbatiale sur la façade de laquelle il désira qu'on gravât cette inscription :

Respice finem et memento mori.

La piété de cet abbé était exemplaire.

Atteint de la peste, il attendit avec résignation la mort qui l'enleva le 27 août 1521. L'abbaye l'avait compté parmi ses chamoines avant de l'avoir pour supérieur.

1521. — JEAN IV, DE GLATIGNY,
34ᵉ et dernier abbé régulier.

Rien de bien important ne paraît se rattacher à l'administration de Jean de Glatigny qui mourut le 17 avril 1540 ; il fut enterré dans l'abbaye et voici son épitaphe :

Hic meliora petens studuit bene ducere vitam
Qui bene supremum posset obire diem
Quod mortale fuit, tumulo requiescit et aura
Spiritus ætherea perfruitur que Deo.

La mort de cet abbé porta un coup terrible à l'organisation de la communauté qui allait être désormais dirigée par des abbés commendataires.

Dans la série des abbés de Cormeilles, publiée par le Gallia, nous lisons :

« Ogerius de Chambray, filius Johannis, « commendam tenebat anno 1529 ; inde « prior de Charollis et Bellimontis, non- « nulla dedit canonicis sancti Johannis de « Falesià, tempore Johannis de Glatigny, « abbatis. »

1540. — LOUIS D'OSSONVILLIERS,
1er abbé commendataire.

Les abbés commendataires, selon le dictionnaire de droit canonique de Durand de Maillane, étaient des séculiers auxquels on donnait une abbaye régulière avec dispense de régularité. En prenant possession de leurs églises abbatiales, ils baisaient l'autel, touchaient les livres et les ornements et prenaient séance au chœur en la première place. Ils exerçaient les fonctions de la juridiction spirituelle ; mais ils ne connaissaient pas de la discipline intérieure des religieux ; cette connaissance était laissée par eux au prieur claustral.

L'introduction des abbés commendataires fit le désespoir des religieux ; ils cherchèrent à s'opposer à cette innovation, mais sans succès. Dans une requête adressée au roi postérieurement on remarque certains passages fort intéressants et bons à reproduire ici :

« D'abord, disaient les religieux, cette abbaye, qui est un seul corps indivisible, fut régie par ses abbés réguliers ; ceux-ci en percevaient tous les revenus et en disposaient à volonté sous la condition néanmoins d'en faire l'emploi en bons pères de famille, tant pour la nourriture et entretien de leurs religieux, célébration de l'office divin, acquits de fondations, aumônes, que pour les réparations de l'église et bâtiments, etc.

« Cet heureux temps qu'on pouvait appeler l'âge d'or des communautés religieuses n'existe plus ; il a pris fin par l'introduction des abbés commendataires. Ceux-ci, pasteurs étrangers ne furent jamais les tendres pères de la communauté régulière de leur abbaye : leur premier but fut d'en percevoir les revenus et de n'en laisser que la plus faible portion pour la nourriture des religieux, charges claustrales, réparations, aumônes et le reste.

« De là prirent naissance ces procès immenses et ruineux qui s'élevèrent entre le chef et les membres pour régler quelle serait la portion alimentaire de ceux-ci. Telle a été l'origine des lots qui aujourd'hui sont d'usage entre les abbés et les religieux, etc., etc. »

Les premiers lots des biens temporels de l'abbaye de Saint-Jean datent du 25 août 1618. Le nom de manse fut donné à la portion de chaque copartageant ; la manse de l'abbé fut appelée manse abbatiale, et celle des religieux manse conventuelle.

La manse abbatiale de Saint-Jean consistait en les dîmes de Saint-Martin et de St-Pierre-du-Bô, une pension de 80 livres sur la dîme d'Ommoy, le Moulin-de-la-Vallée, dit de Saint-Jean, avec les terres en dépendant, le droit de foire Saint-Michel, le

Champ-St-Michel et les jardins adjacents séparés dudit champ par un chemin, la maison ou hôtellerie de l'Image Saint-Jean, située à la Porte-de-Bocey, en dedans des murs, composée de salles, boutiques, chambres, écurie, cour, et un four à cuire du pain, enfin en la ferme de Caudet et la maison abbatiale avec ses dépendances.

Louis d'Ossonvilliers, protonotaire apostolique, n'administra la communauté que pendant un an, et nous ignorons entièrement si les reproches adressés par les chanoines aux abbés commendataires lui sont applicables.

1541. — AMBROISE D'OSSONVILLIERS.

Ce personnage, aussi protonotaire apostolique, obtint sa commende du roi François Ier, qui ne connaissait bien évidemment pas les déplorables et fâcheux instincts de son protégé ; l'abbaye comptait alors 20 chanoines, et ses ressources étaient plus que suffisantes. Ambroise réduisit le nombre des religieux à 8 ; il convertit en flambeaux, pour le luxe de sa table, sa houlette pastorale, et il fit abattre et vendre à son profit les plus beaux arbres de la propriété. La première maison hospitalière, bâtie par le fondateur Gonfroy, ruines respectables et précieuses, souvenir vénérable que la com-

munauté conservait comme une relique, fut
impitoyablement rasée par ses ordres.

La désolation était dans tous les cœurs,
car les religieux ne devaient pas être les
seules victimes de cet étrange désordre et de
ces dilapidations ; les pauvres, les malades
et les voyageurs en ressentaient cruellement
les effets ; à partir de cette époque, les
grilles du monastère restèrent fermées devant eux, et les chanoines durent se borner
à faire une distribution de pain le lundi de
chaque semaine ; ils ont fidèlement payé
cette rente à la misère jusqu'à la révolution.

L'abbé de Saint-Jean vivait largement aux
dépens de la communauté, et l'exaspération
des chanoines était à son comble, quand le
roi, informé sans doute de ce qui se passait,
obligea Ambroise d'Ossonvilliers, par lettres
patentes données à Fontainebleau, le 20
septembre 1547, à faire et à lui communiquer le dénombrement des biens de l'abbaye. Cette constatation qui eut lieu en
1548 allait probablement améliorer le sort
des religieux, lorsque le souffle des guerres
de religion vint ébranler de nouveau et
bien plus profondément encore les fondements du monastère.

L'année 1548 nous rappelle la demande
que les chanoines réguliers de l'église cathédrale de Séez adressèrent au Saint-Siége
pour être remis en l'état de sécularisation
primitif. Le pape Paul III et le roi Henri II

accordèrent l'autorisation. Pour procéder
régulièrement au rétablissement de la sécularisation, le bailli de Caen, René de Silly,
son lieutenant à Falaise, Guillaume le Verrier, assisté du procureur Jacques Leroy et
du greffier Torterel, et le procureur de l'abbaye d'Ardennes, commissaire du St-Siége,
assisté d'Ursin Huget et de Jean Daupley,
notaires apostoliques, se rendit à Séez, le
1er février 1548. Guillaume le Verrier arriva le soir dans cette ville et descendit à
l'hôtellerie de la Crosse ; de là il se rendit à
l'église Saint-Gervais où l'évêque Pierre
Duval et son clergé étaient assemblés. Ce
fut lui qui leur donna lecture des lettres
patentes du roi, et ensuite le procureur de
l'abbaye d'Ardennes, après avoir lu la bulle
pontificale, sécularisa les chanoines.

Nos lecteurs connaissent sans doute le
cérémonial de la prise de possession du
siége épiscopal de Séez : l'évêque se rendait
dans une maison située en face du portail
de la cathédrale. Le propriétaire de cette
habitation, dont la façade était entièrement
tendue de linge, devait dresser des toiles à
terre, depuis le seuil de sa porte jusqu'au
pied de l'autel ; il aidait l'évêque à descendre de cheval, le débottait et lui lavait les
pieds ; le prélat s'étant alors revêtu de ses
habits, le chapitre venait processionnelle-
ment et en chape jusqu'à la dite maison,
saluait l'évêque, lui donnait le baiser de

paix et recevait à son tour la bénédiction ;
le cortége se rendait ensuite à l'église entre
deux haies de bourgeois sous les armes, et
l'évêque marchait pieds nus sur les toiles.

Après la cérémonie, le propriétaire de la
maison avait le droit de dîner à l'évêché, et
de prendre pour lui les habits, la bourse,
l'épée et la monture de l'évêque. Cet usage
subsista jusqu'à l'installation de Bertaud où
de Mgr du Moulinet qui fut assigné à Falaise
par Louis Le Sergent, propriétaire de ladite
maison, pour n'y être pas venu descendre,
à l'exemple de ses prédécesseurs. Louis Le
Sergent obtint du prélat un pré à titre de
dédommagement.

Ambroise d'Ossonvilliers mourut le 15
octobre 1555, et l'abbaye fut vacante pendant un an.

1557. — LOUIS DE MONTGOMMERY.

Les doctrines de Luther et de Calvin
avaient armé les uns contre les autres catholiques et protestants. Ces déplorables
dissensions intestines avaient été pour Eli-
sabeth d'Angleterre une occasion moins de
venir en aide à ses coreligionnaires que de
s'emparer de la Normandie, objet des éternels
regrets de la grande Albion. Falaise, restée ca-
tholique, fut, en 1562, menacée par les protestants de France et d'Angleterre réunis ;

elle eût pu cpposer une vive résistance, mais le duc de Bouillon avait fait enlever la grosse artillerie, et malgré le renfort que le lieutenant général de Matignon envoya aux Falaisiens, l'amiral de Coligny fit son entrée dans la ville. L'année suivante, en 1563, le roi Charles IX et Catherine de Médicis assistaient à la reprise de Falaise sur les troupes protestantes.

Ce fut à cette époque qu'eurent lieu les ventes ecclésiastiques, et que les religieux de Saint-Jean aliénèrent leur domaine de Vaux.

Les hostilités, recommençant en 1568, amenèrent sous les murs de Falaise, Gabriel de Montgommery, autre chef des protestants. Les religieux de Saint-Jean justement effrayés, supplièrent leur supérieur, frère de l'assiégeant, d'user de toute son influence pour que Gabriel ne fît point le siège de la ville et que surtout il préservât le monastère de la fureur du soldat.

L'abbé avait un beau rôle à remplir en cette circonstance ! que de bénédictions il eût appelé sur sa tête ! que de victimes il eût épargnées, si, suivi de ses chanoines, il fut allé au-devant de son frère et lui eût dit : « N'avancez pas, mon frère ; Falaise ne vous est ni favorable ni hostile ; elle désire la paix et conserve ses croyances, gardez les vôtres ; vous n'avez point ici de représailles à exercer ; nous déplorons les malheurs de

la guerre, et nous faisons des vœux pour
que le sang des chrétiens, catholiques ou
protestants, cesse de rougir la terre. »

Louis de Montgommery ne tint pas ce
langage; le protestantisme avait pour lui un
irrésistible attrait, et le succès des armes de
son frère pouvait ouvrir une large voie à
son ambition. Il embrassa publiquement la
doctrine de Calvin, convertit en forteresse
l'église de l'abbaye, et se mit entièrement
au service de l'assiégeant. Ce secours et la
trahison du portier Rabasse aplanirent les
obstacles que Gabriel avait rencontrés jusqu'à ce jour et lui livrèrent la ville. Le monastère ne fut pas épargné ; Gabriel se rappelait qu'en 1564, il avait fait brûler sur la
tombe de Jean de Rochois, 56ᵉ abbé de St-
Wandrille, les magnifiques ornements de ce
monastère, et sa haine n'était pas assouvie.

Il reparut sous les murs de Falaise en
1574, et retrouva son frère aussi dévoué que
par le passé à ses intérêts ; mais l'existence
de ces deux hommes touchait à sa fin ; l'ar-
mée de Matignon arriva au secours de la
ville et l'abbé de Saint-Jean, les armes à la
main, et luttant en désespéré, fut tué par
un centurion de Caen, nommé Thomas Des-
planches, dans une des chapelles de son
abbaye, la chapelle de la Vierge. Ce fut particulièrement à cette époque, disent les religieux dans une déclaration de la mou-
vance de leur fief, que leurs titres et pa-

piers divers furent volés et perdus, le pillage de l'abbaye ayant duré trois jours. De nombreux manuscrits, œuvre du falaisien Guy Lefebvre, furent aussi brûlés ; en se retirant à sa terre de la Boderie, pour se soustraire à la fureur des protestants, ce savant auteur n'avait pas eu le temps de mettre ses ouvrages en sûreté. Depuis longtemps déjà il les composait dans l'abbaye de Saint-Jean qu'il honorait de sa protection.

Délivrés de leur redoutable ennemi, les religieux ne se rappelèrent que les tortures qu'ils avaient endurées et oublièrent les lois que prescrivent la conscience, la religion et l'humanité ; ils jetèrent à la voirie le corps de Louis de Montgommery et flétrirent sa mémoire par de joyeuses manifestations. Informés de ce fait quelque peu scandaleux, les magistrats falaisiens crurent devoir intervenir et donnèrent aux chanoines l'ordre formel d'enterrer l'abbé dans le chœur de leur église.

La même année 1574, vit aussi mourir Gabriel de Montgommery. Assiégé dans Domfront, il obtint la promesse d'avoir la vie sauve et se rendit ; mais Catherine de Médicis le fit impitoyablement exécuter.

Dans les archives du collége héraldique et historique de France, nous avons trouvé un aveu de Nicolas de la Halle de Gausseville, envers Louis de Montgommery, demeurant à Falaise, de 600 livres tournois de prêt (25 mars 1569).

1575. — CLAUDE DE VIEUX-PONT.

Il fut d'abord abbé vers 1560 de Marie de Saint-Sever, dans le diocèse de Coutances ; puis, en 1675, le roi Henri III et le pape Grégoire XIII, l'appelèrent à la commende de Saint-Jean.

En 1579, il fit le dénombrement des biens de l'abbaye pour servir à la rédaction du papier terrier que dressait le vicomte de Falaise. Il mourut en 1580.

1580. — JEAN V DE VIEUX-PONT-CHALLOUÉ.

Aussitôt après son installation, Jean de Vieux-Pont, grand chantre de Séez, établit dans l'abbaye un collége de cinq classes, qui subsista jusqu'à sa mort. Ce fut pendant son administration que le roi Henri IV vint faire le siége de Falaise.

En 1602, l'abbé de Saint-Jean fut appelé à l'évêché de Meaux ; mais il n'en conserva pas moins son abbaye dont il s'efforça de réparer les pertes.

La destruction des titres avait donné nais-

sance à de sérieuses difficultés ; des débiteurs refusaient de payer, et les revenus du
monastère étaient menacés d'une réduction
considérable. Jean de Vieux-Pont se mit à
l'œuvre ; il interrogea les anciens, compulsa
les registres, lettres et autres papiers échap-
pés au pillage, et réussit à reconstituer
l'état des créances de la communauté. Il
soumit son travail au parlement de Rouen,
qui le reconnut suffisant, et autorisa les religieux, par un arrêt du 14 décembre 1606,
à toucher et percevoir comme par le passé,
et à exercer toutes poursuites contre les débiteurs récalcitrants ou de mauvaise foi.

L'abbaye redevint florissante et la charité
des chanoines put se manifester de nouveau.

L'église, dit le Gallia, avait été souillée
par le meurtre et la sépulture de l'abbé de
Montgommery, et ses autels profanés par
les soldats d'Henri IV. En 1606, le chapitre
de Séez autorisa l'abbé à en faire une nouvelle consécration. Nous avons lu quelque
part qu'au mois d'août de cette année, les
chanoines, rassemblés dans le chœur, aux
sons funèbres de la cloche, assistaient au
bris de la tombe de Louis de Montgommery
dont la dépouille mortelle fut portée au
nord de l'enceinte du monastère, vers le
chemin étroit qui conduisait de la Porte-
Marescot à l'auberge du Sermon, dans un
lieu inculte et hérissé de hautes herbes.
Nous reproduisons ce document sous toutes

réserves ; il peut cependant se faire qu'il soit vrai , car nous savons que Jean de Vieux-Pont se montra toujours un rude adversaire du protestantisme, et que, lorque les disciples de cette religion voulurent établir leur temple auprès du monastère, il les força de s'éloigner.

L'abbé de Saint-Jean était un homme d'un rare mérite et d'une profonde érudition ; il avait établi à Séez, dans une maison qui lui appartenait, un collége dirigé par de savants professeurs ; ses armes, d'argent à dix annelets de gueules, étaient gravées au-dessus de la porte. Il mourut en 1623.

En 1604 , Philippe de Vieux-Pont fut nommée abbesse du trésor ; Jeanne de Vieux-Pont lui fut adjointe en 1615, et en 1637, Catherine II de Vieux-Pont, était appelée aux mêmes fonctions.

1623. — ANDRÉ I FRÉMIOT.

Fils de Bénigne Frémiot, président au parlement de Dijon, et de Marguerite Barbizez. André Frémiot fut nommé archevêque de Bourges par Henri IV, en 1602. Renault de Beaune, son prédécesseur, le sacra à Paris le 7 décembre 1603 ; le 24 du même mois, il prenait possession par procureur, et enfin le 24 octobre 1604 il faisait son en-

10

trée dans l'archevêché. Son palais fut considérablement augmenté par ses soins ; il fit construire entièrement un nouveau corps de logis et le cabinet doré. Ses armes furent gravées au-dessus de la porte de ce bâtiment; elles étaient d'azur à trois merlettes d'argent, deux en face et une en pointe avec une étoile d'or en abîme, et au-dessus des deux autres de même péries sous un chef de gueules avec inscription.

André Frémiot, pour des raisons particulières, résigna son archevêché en 1621, à la grande douleur de ses diocésains ; il reçut même à cette occasion des témoignages tellement nombreux d'estime et de regrets que longtemps après encore il se repentait de sa détermination ; il disait souvent à ses amis que s'il eût connu à ce point le zèle et l'affection de ses fidèles, il eût conservé toute sa vie son archevêché.

Après sa retraite, le digne archevêque fut nommé abbé de St-Jean par Louis XIII, et la même année il permutait avec le suivant.

1623. — RENÉ de MARESCOT.

Le siège abbatial resta quelque temps vacant avant la nomination du nouvel abbé.

Fils de Guillaume de Marescot, conseiller d'état et maître des requêtes, René occupa les hautes fonctions d'aumônier des rois Louis XIII et Louis XIV ; il fut aussi aumônier de la régente, Anne d'Autriche, et lors d'un voyage qu'il fit à Rome, le pape Urbain VIII lui conféra la dignité de camérier; nous le retrouvons encore comme prieur de Beaumont-le-Roger.

L'année 1629 vit disparaître la première église du monastère, bâtie par Gonfroy, et dédiée à St-Michel ; on ne conserva de ce monument en ruines que la grande porte d'entrée qui était dans un état de conservation parfait et dont l'architecture offrait un précieux intérêt.

Le 9 juillet 1635, dix religieux profès de St-Jean adressèrent à Jean de la Croix, prieur d'Ardennes, et à Michel Niobé, prieur de Belle-Etoile, une requête pour qu'il *leur plût unir et incorporer leur abbaye à la congrégation de St-Norbert, y établir des officiers de la réforme et l'entière observance des constitutions de ladite réforme.* La réforme permettait de faire gras les jours autorisés par l'église ; les religieux de l'étroite observance faisaient maigre continuellement.

Les deux prieurs, munis d'une autorisation du vicaire général de la congrégation, Pierre Desbans, à la date du 8 mai 1635, accueillirent favorablement la requête au bas de laquelle ils dressèrent l'acte d'union qui, sur la demande des religieux, fut ratifié par le vicaire général et par le prieur de l'abbaye de St-Paul de Verdun où siégeait le chapitre provincial de ladite congrégation.

La situation des religieux de la réforme dans le monastère était donc parfaitement régularisée ; mais ils n'en furent pas moins en butte aux tracasseries des anciens religieux restés dans la maison ; la vie commune devenait de plus en plus difficile, quand fut annoncée la visite de Philippe Troussey, abbé de Blanche-Lande, chargé dès le 30 avril 1633 par le chapitre général de visiter tous les monastères de l'ordre en Normandie.

Les religieux anciens,

Augustin Gautier qui avait été, était ou devint prieur de Commeaux et qui mourut dans l'abbaye en 1688, âgé de 89 ans;

Louis Guibout, qui mourut en 1681;

Maurice Lemoine,

Michel Regnault,

Pierre Malherbe, curé de Beauvais et d'Avesnes, mort en 1697,

Joseph Belin, devenu plus tard curé de ces deux paroisses et qui mourut en 1681.

Modeste Josquin, mort aussi en 1681,

Pierre Labbé, curé d'Avesnes, ancien curé de Loucey, mort en 1638,

Et Bonaventure Hardy, qui devint curé de Loucey,

Reçurent cette nouvelle avec joie et présentèrent le 9 novembre 1635 au visiteur une requête tendant à ce que Guillaume Fossard, curé de Commeaux et prieur claustral de l'abbaye, Norbert Leroy, sous-prieur, Polycarpe Lainé, circateur, Hilarion Blavette, proviseur, qui devint curé de St Pierre-du-Bû et mourut en 1667, Norbert Genu, Michel Clouet, Augustin Quinery et Gilles Esnault, tous religieux et officiers unis et incorporés en la communauté et réforme de l'ancienne rigueur de l'ordre de Prémontré, fussent obligés de se démettre de leurs charges et de quitter le monastère.

Le lendemain, 10 novembre, l'abbé de Blanche-Lande, rendait une sentence qui portait cassation de tous les contrats faits avec les anciens religieux, destitution du frère Guillaume Fossard et injonction à lui et à tous autres de la réforme de sortir dans 24 heures de l'abbaye.

Le 11, les réformés exigèrent qu'un procès-verbal de protestation de leur part fût rédigé, et le même jour le lieutenant général du bailli de Can, en la viconté de Falaise, en présence du substitut du procureur général du roi, constatait les violences de l'abbé de Blanche-Lande et des anciens religieux.

Après leur expulsion, les religieux continuèrent leurs poursuites en demandant justice ; le 10 décembre ils firent signifier à l'abbé de Blanche-Lande un bref du pape pour l'érection de la congrégation et des lettres patentes confirmatives émanant du roi et portant que toutes les abbayes n'en restaient pas moins sujettes à la juridiction du général et du chapitre général de l'ordre. Le 20 du même mois, le lieutenant du bailli de Caen ayant renvoyé les parties au conseil du roi, Guillaume Fossard et ses collègues présentèrent le 9 janvier suivant une requête audit conseil pour être rétablis dans l'abbaye avec les charges et offices qu'ils y avaient, pour que les statuts, articles et exercices de ladite réforme y fussent continués comme par le passé, que l'abbé de Blanche-Lande, Malherbe et autres, fussent condamnés et contraints par saisie de leur temporel à restituer au convent ce qu'ils en avaient enlevé, que ledit abbé fût obligé à rendre le frère convers Antoine, qu'il avait amené de l'abbaye d'Ardennes, *sans le sçu supérieur d'icelle*, et enfin pour que défenses fussent faites à tous autres qu'au général de l'ordre d'entreprendre aucune visite sur le monastère s'il n'était de la congrégation.

Un arrêt du conseil du roi, du 29 avril, renvoya l'instance devant le supérieur général de l'ordre, abbé de Prémontré, Armand, cardinal, duc de Richelieu et de Fronsac.

Celui-ci, après avoir entendu les parties et pris connaissance des diverses pièces, fit entièrement droit à la requête du prieur Fossard.

On lit au bas de son arrêt : Fait en notre conseil à Paris, le 3ᵉ jour de juin 1636 ; puis : Le présent donné pour copie audit Fossard pour lui valoir et servir ce qu'il appartiendra, par moi, secrétaire de mondit seigneur cardinal, signé : Fʳᵉ Jean, abbé de Prières.

Voici une autre requête que les religieux adressèrent également au duc de Richelieu :

« Nous remontrons à votre excellence, « disaient-ils, que la maison abbatiale fait « l'un des côtés du cloître ; dans la salle de « cette maison il y avait anciennement une « porte ouvrant sur le cloître, sous l'admi- « nistration des abbés réguliers pour aller « plus commodément à Matines, à l'heure « de minuit. Lorsque l'abbaye fut mise en « commende, les nouveaux abbés faisaient « entrer leur train et les séculiers qui les « visitaient dans ledit cloître au grand dé- « triment de la religion et de la discipline « régulière ; les supérieurs avaient ordonné « que ladite porte serait murée ; mais René « de Marescot fit, sans autorisation de votre « Eminence, rompre la muraille, malgré « les représentations des religieux qui le « priaient de vouloir bien considérer que « votre Eminence était général de l'ordre et

« attendre qu'on la consultât et qu'elle se
« fût prononcée. »

Les religieux concluaient à la fermeture
de la porte, sans quoi, ajoutaient-ils, « ce
serait donner libre entrée à plusieurs femmes
et filles qui habitent la maison abbatiale,
et de l'une desquelles un des anciens
religieux a été scandalisé. »

Pour ménager toutes susceptibilités nous
dirons que les autres abbés commendataires
n'étant pas tenus de résider dans leur
abbaye, louaient le plus souvent la maison
abbatiale à de simples particuliers ; c'est
du reste ce que nous ne tarderons pas à
voir.

En 1644 mourut Charles Angot, prieur de
St-Brice-de-Loucey.

Quant à René de Marescot, il termina son
existence le 27 juin 1649. Pendant son administration
les religieux firent reconstruire
la nef de l'église. Cette reconstruction, ainsi
que le constatent des mémoires d'ouvriers
eut lieu en 1644 ; l'année suivante on réparait
le cloître.

L'abbé de St-Jean fut enterré dans une
des église de Paris et sur sa tombe on
lisait :

Renatus Marescotius, parisinus, abbas
S. Johannis de Falesiis, nec non hujus ecclesiæ
canonicus, hic quiescit qui post quam
per octodecim plus minus annos circa reges
Ludovicum XIII et XIV, reginam que regen-

tem munere eleemosynarii functus est;
et interea romam profectus, ab Urbano VIII
pontifice maximo camerarii dignitate insi-
gnitus est, clarissimis viris Guillelmo et
Michaelii Marescotiis libellorum supplicum
magistris et valentinæ Loisellæ parentibus
ac fratri primogenito superstes, præmatura
morte trigenta et octo annis, septem men-
sibus et quindecim diebus exactis, cœteris
notis atque amicis ægre ferentibus ereptus
est anno domini 1649 die Junii 26.

En 1694, noble femme Françoise de Marescot, épouse de François l'Hermite fut
inhumée dans l'église de St-Jean.

1649. — ANDRE II MONDIN, OU MONDAIN.

Mondin fut abbé de Bohéries, dans le
diocèse de Laon, et de Berdons dans le diocèse d'Auch. Voici ce que dit le Gallia à
l'article Bohéries :

Andreas Mondin, pedemontanus, nomi-
natus anno 1635, obiit anno 1650, cru-
cem auream quam monachi extra lapides
pretiosos divendere tentaverant duodecim
millium librarum pretio, ipse in suos usus
convertit, exequiis tandem pensitandis mo-
riendo impar.

Nicolas Lelong dans son histoire ecclésiastique et civile du diocèse de Laon, sans nommer l'abbé, traduit presque mot pour mot ce passage :

« Cette maison, dit-il, toujours ouverte à l'ennemi était dans un état déplorable et n'avait plus d'abbé régulier depuis 1540, lorsqu'en 1662, l'abbé de Mouchi d'Hocquincourt y introduisit la réforme de Cîteaux. Son prédécesseur avait ruiné le monastère et converti à son profit une croix d'or qui, indépendamment des pierres précieuses dont elle était ornée devait être vendue 12,000 livres, pour fournir au rétablissement de la maison. »

Nous devons ce renseignement peu édifiant à l'obligeance de M. le bibliothécaire de la ville de Laon, et nous pensons que les religieux de St-Jean ne regrettèrent point leur abbé et que la seule année qu'il passa à la tête de la communauté leur parut bien longue.

1650. — PAUL DE MACHAULT.

Paul de Machault naquit le 24 janvier 1631 ; il était fils de François de Machault, conseiller au parlement de Paris, et de Catherine Aymeret, fille de Paul Aymeret, seigneur de Gazeau, maître des comptes.

Au mois de décembre 1661, Louis XIV, par lettres patentes confirma les privilèges, franchises, droits, immunités et exemptions accordées à l'ordre des Prémontré par les souverains pontifs et par les rois ses prédécesseurs ; il avait à cœur, disait-il, que les religieux ne fussent point troublés dans leurs possessions, et il voyait avec plaisir que le nouveau général de l'ordre, Augustin La Cellier, faisait ses efforts pour maintenir la bonne harmonie entre tous les monastères, et pour leur rendre leur ancienne prospérité ; afin d'éviter qu'ils fussent inquiétés à l'avenir, *comme certains envieux* l'avaient voulu faire, il confirma de nouveau, le 30 octobre 1665 les privilèges des religieux et les exempta de payer aucune dîmes de terres de la fondation, dotation, ancien domaine des abbayes, et maisons de l'ordre, tant pour celles qu'ils cultivaient par leurs mains, que pour celles qu'ils faisaient labourer par des fermiers et colons n'ayant de baux que pour neuf ans. Ces lettres patentes furent confirmées par deux arrêts du parlement de Paris, en date du 7 mai 1681 et 18 juillet 1682.

En 1665, les religieux de St-Jean érigèrent dans leur église une confrérie ou confraternité, et à cette occasion le pape Paul VII leur accorda des indulgences.

Le 3 avril 1670, le prieur Fossard, Mauger, Gohier, Dupont, Delacourt et huit autres religieux de l'abbaye ayant apris qu'on avait dessein de faire passer des religieux de Normandie dans les autres provinces où se trouvaient des monastères de leurs congrégation, présentèrent une requête au vicaire général de ladite congrégation de St-Norbert et autres, assemblés au monastère de Belleval pour que ces changements ne soient point opérés ; ils disaient que ce mélange romprait la paix au lieu de la consolider, que les clauses et conditions de la congrégation s'y opposaient formellement, et que les supérieurs avaient promis de ne jamais rien entreprendre de semblable.

Le 18 octobre 1673, Michel Colbert, abbé de Prémontré et général de l'ordre, désireux de terminer les différends qui existaient entre les religieux relativement à la division de la congrégation en trois provinces ou circaries, dites de Lorraine, de France et de Normandie, réunit dans son abbaye de Prémontré les députés desdites provinces. Après avoir célébré pontificalement la messe du St-Esprit, il se rendit dans sa maison abbatiale où assisté de Nicolas Aubert, abbé de Beaulieu, syndic du procureur général de l'ordre, de Norbert Calien, docteur en théologie de la faculté de Paris, et prieur du collège de cette ville, et Nicolas Collard, prieur de Prémontré, il reçut les délégués et entendit leurs explications.

Les frères Robert Duhamel, Hyacinthe, Touraine, prieur de St-Jean de Falaise, Cyprien Lemercier, prieur de l'Etoile, Simon

Formage, prieur du monastère de Paris, et
Grégoire Bonhomme, prieur d'Ardennes,
tous de Normandie, après avoir justifié de
leurs procurations, demandèrent que leur
province fût séparée de celles de Lorraine
et de France,

Les pères Edmond Maclot, prieur de St-
Paul de Verdun, Jérôme Janot, prieur de
Belleval, Denis Poitevin, prieur de Ressons, Bernard Billotte, prieur de Genlis, et
le père Joseph Foulon, n'ayant point procuration, manifestèrent le désir qu'il n'y
eût aucun mélange des religieux français,
normands et lorrains, mais sans séparation
toutefois de vicaires ni de provinces.

Les révérends pères Nicolas Guinet, abbé
de Ste-Marie de Pont-à-Mousson, Edmond
Sauvage, abbé de Jouilliers, Epiphane Louis,
abbé d'Estival, Bernardin Roussel, abbé de
Rongeval, et Antoine Colland, abbé de Sali-
val, non munis de procuration, déclarèrent
qu'ils ne pouvaient accepter ces proposi-
tions qu'à la condition que les pères de
Normandie leur abandonneraient entièrement le monastère de Paris à l'établissement
duquel lesdits pères de Normandie avaient
contribué pour un tiers, et sur lequel ils
avaient les mêmes droits à exercer que les
autres provinces.

Le lendemain, les religieux normands
soumirent au général de l'ordre un règle-
ment duquel il résultait que les religieux

demeureraient chacun dans les monastères
de leur province, que le chapitre serait tenu
annuellement dans la maison du St Sacre-
ment du faubourg St-Germain de Paris, lieu
de la Croix Rouge, que le vicaire général y
serait élu de trois ans en trois ans, et pris
alternativement dans chacune des trois provinces, ainsi que le supérieur et les officiers
dudit monastère, ets., etc., etc.

Les autres religieux rédigèrent une réponse à la proposition, et malgré les efforts
du général de l'ordre pour concilier les esprits, l'assemblée se sépara sans avoir pris
de résolution.

Pendant l'administration de l'abbé de
St-Jean, Paul de Machault, Jean le Paige,
auteur d'un volume intitulé : Bibliothœca
præmons tratensis, docteur en théologie
et syndic des abbés de Prémontré, visita
l'abbaye de St-Jean et la taxa à 700 florins
d'or.

En 1650, un seigneur de Couvrigny donna au monastère une partie de la forêt de
Pantou; il fut enterré dans l'abbaye.

En 1659, le 23 janvier, un falaisien, Denis le Corsonnais, fut nommé abbé de la
Luzerne ; il mourut en 1669 et fut inhumé
dans le sanctuaire de l'église. Il avait été
d'abord abbé du Val-Dieu.

Un autre falaisien, Jean-Baptiste Pellevé,
fut aussi abbé de la Luzerne ; Louis XV l'a-
vait d'abord institué coadjuteur de Jean des

Noiresterres le 11 novembre 1719 ; le 4 février 1724, il reçut ses bulles, et l'année suivante, le 28 mai, il prenait possession de son siège. L'évêque d'Avranches le bénit le 12 janvier 1727. Pellevé fit reconstruire la maison abbatiale; il établit un cimetière qu'il consacra, et dans lequel il fut enterré. Il mourut le 3 février 1748, âgé de 69 ans. L'abbé Hébert qui le fait figurer aussi parmi les abbés de Mondaye, dit que ce personnage était doué d'un rare mérite, et qu'il remplit toujours des fonctions supérieures dans l'ordre de Prémontré.

En 1667, St-Jean avait pour prieur le frère Duhamel, et pour proviseur Michel Clouet ; en 1680, Damasse de France était sous prieur, et Luce Hommais, Jean-Baptiste Lemoine, Herman Gohier qui devint circateur de la maison et mourut en 1696, Joseph Brière et Urbain Marquier étaient au nombre des religieux.

En 1672, les autorités falaisiennes voulurent obliger les religieux et les dames Ursulines à contribuer aux frais du rétablissement du pavé de la rue de Boucey, actuellement rue des Ursulines. Paul de Machault fit à ce sujet une réclamation.

La reconstruction de l'orgue remonte à l'année 1676. Des menuisiers furent employés pendant 17 mois à ce travail qui coûta 5,800 livres, y compris sculptures,

maçonnerie, charpente et construction du
jubé.

En 1683, Gilles Benoist, chanoine, curé
de St-Pierre-du-Bû, fut inhumé dans l'é-
glise.

En 1683 également, le 23 octobre, les
prêtres originaires du séminaire et ceux de
St-Gervais se réunirent dans l'abbaye de
St-Jean, sous le présidence du prieur, et
réglèrent devant les tabellions Bernard et
Jean Barouel les différents qui existaient entre eux.

Paul de Machault mourut en 1684. Il
avait eu pour procureur Noël Gondouin,
sieur des Moulins, bourgeois de Falaise.

Avant 1684. — PAUL PELISSON.

D'après les archives du Calvados, ce personnage paraîtrait avoir obtenu pendant
quelque temps la commende de St-Jean ; il
était chevalier, conseiller du roi, maître des
requêtes ordinaires de son hôtel, et demeurait à Paris au château abbatial de St-Ger-
main-des-Prés.

Bouillet cite un Paul Pélisson, qui naquit
à Béziers en 1624, et mourut en 1693. « D'a-
bord avocat à Castres, il devint premier com-
mis de Fouquet, et fut nommé conseiller
d'Etat en 1660. Il partagea la disgrâce du

surintendant, fut incarcéré à la Bastille **en**
1661, s'honora en composant trois mémoires
en faveur de son protecteur, et ne sortit de
prison qu'au bout de cinq ans. Il obtint depuis des pensions et des places lucratives.
Né dans la religion protestante, il abjura, et
par là augmenta encore son crédit. Il était
de l'Académie française. On lui doit en outre ses mémoires pour Fouquet, qui sont le
chef-d'œuvre du barreau français au XVIIe
siècle, l'Histoire de l'Académie française et
et l'Histoire de Louis XIV, de la mort de
Mazarin à la paix de Nimègue. »

1684. — PAUL-FELIX DE PARADIS.

Le 2 septembre 1684, cet abbé prit possession de la commende de St-Jean dont les
biens et revenus avaient pour administrateur, nommé par lettres patentes du roi,
données à Versailles, Jacques Pagey, prêtre,
bachelier de Sorbonne.

En 1687, l'église de l'abbaye reçut le corps
de l'imprimeur caennais, Jean Poisson ; un
service fut célébré chaque année pour le
repos de son âme, et une première messe
dite, cunctis diebus lunæ cujusque anni,
pour tous ses parents, mais principalement
pour le père et la mère de Françoise Lecomte, sa veuve, et pour elle-même après sa
mort.

Un descendant de ce personnage, également imprimeur à Caen, a continué pendant quelques années la publication de l'Etrenne mignonne de Falaise que M. Brée, son parent, avait créée.

Le renseignement relatif à Jean Poisson ainsi que quelques autres documents a été puisé par nous dans la nécrologie de l'abbaye de St-Jean, que l'abbé Halley, ancien curé d'Ollendon, autrefois chanoine du monastère, avait précieusement conservé. A la mort de ce prêtre, le manuscrit fut acheté par un fripier de Falaise qui le revendit à M. le curé de Guibray, moyennant 3 francs, et ce dernier en a fait hommage à M. le supérieur de l'abbaye restaurée de Mondaye, qui a eu l'obligeance de nous le communiquer.

Les archives de la bibliothèque impériale nous rappellent que, vers 1689, Jean Corbet, curé de Ste-Trinité de Falaise, fit revivre les prétentions de son prédécesseur, Jean Lerat. Pour constater l'existence de leurs droits sur les chapelles du château, et maintenir leurs privilèges, les religieux de St-Jean produisirent les titres suivants :

La charte de donation par Jean sans Terre, en 1200 ;

La charte de confirmation par Philippe Auguste, en 1205 ;

L'enquête faite par le lieutenant général, Nicolas Lepelletier, en 1437 ;

La sentence de l'official de Séez, en 1466;

Des aveux rendus au roi en 1548 et 1575, portant que les religieux percevront sur le domaine de Falaise 60 livres 18 sols pour dire et célébrer la messe en la chapelle du château, et y administrer les sacrements, le jour de Pâques, au capitaine et habitants dudit château ;

Enfin une attestation du sieur Duparc, lieutenant du château, passée devant les notaires de Falaise, le 25 mars 1660, et relatant que les religieux lui avaient administré à lui et à tous ses domestiques, dans le temps de Pâques, les Sacrements, depuis 36 ans qu'il demeurait au château.

On pense que l'abbé Paul-Félix de Paradis et le suivant ne sont qu'une même personne sous le nom de Paradis-d'Albon.

Vers 1690. — N. D'ALBON.

Le 9 avril 1690, second dimanche d'après Pâques, se réunirent dans l'abbaye de St-Jean, délégués par leurs monastères :

Pierre Lastelle, prieur de Mondaye, vicaire général en la circarie de Normandie ;

Grégoire Bonhomme , prieur de Silly ;

Pierre Lecomte, prieur de St-Jean de Falaise, second définiteur et père du régime de ladite circarie ;

Guillaume Raoult, prieur du Perray ;

Jean Ethéart, prieur d'Ardennes, premier définiteur et adjoint de visite ;

Antoine Rohais, prieur de Belle Etoile ;

Jacques Deschamps , prieur de l'Ile-Dieu ;

Gilles de la Hallerie, prieur de la Luzerne ;

Alexis Chastel, sous-prieur, maître des novices de Mondaye, et père du régime ;

Toussaint de St-Léger, sous-prieur de l'Etoile ;

Guillaume Le Page, sous-prieur de St-Jean ;

Guillaume Anfray, procureur de la Luzerne ;

Jean Larquier. cellerier de Silly ;

Philippe L'hermite, sous-prieur d'Ardennes, et lecteur en théologie ;

Et Claude Prévost, cellerier de Belle-Etoile ;

Lesquels, après avoir entendu une messe solennelle du St-Esprit, célébrée par le vicaire général dans l'église de l'abbaye, se rendirent au son de la cloche vers les deux heures d'après-midi dans la salle abbatiale où le père L'hermitte prononça une oraison latine sur la séparation des trois provinces.

Après la lecture de divers décrets et règlements, l'assemblée, en son nom et au nom de ses mandants, accepta la séparation et convint d'être gouvernée par un chapitre et un vicaire de la même province, pourvu toutefois que ces dispositions fussent approuvées par le St-Siège et que la maison de Paris fût tirée de la circarie dite de France, et devînt commune à toute la congrégation.

En 1692, Luce Hommays, prêtre et chanoine, recommandable par sa science et sa piété, mourut dans l'abbaye ; en 1696, François Hébert, pasteur de St-Martin-du-Bû, mourut également.

En 1694, époque de la mort du clerc Nicolas Dupré, les religieux de St-Jean louèrent à Jacques Dubosc, meunier, bourgeois de Falaise, les deux moulins des Traits-du-Collet, pré, plant et pâturages, et le droit aux bruyères de Noron, moyennant 450 livres de fermage ; Marin Desvaux en avait été locataire en 1680. Ces moulins avaient été construits par les religieuses de Villers-Canivet, là où existent aujourd'hui les filatures de M. Laigneil-Carel.

En 1700, Pierre Geslin, était prieur de St-Jean.

Jacques Deschamps, sous-prieur.

Philibert Marpon, procureur.

Parmi les religieux figuraient : Ambroise de St-Rémy, Claude Prévost, Léonard Capelle, Raphaël Néel, François Fleuriel, Charles Delalande et Jean Pellevé.

L'abbé d'Albon mourut en 1708 ; un an avant, le nouveau prieur Louis Profichet avait également rendu son âme à Dieu.

1708. — CHARLES DE BEAUPOIL DE STE-AULAIRE.

Fils de David et de Gabrielle de Beaupoil, Charles de Ste-Aulaire, docteur en théologie, chanoine et grand vicaire de l'église cathédrale de Périgueux où il demeurait, paroisse St-Front, fut appelé à l'abbaye de St-Jean le 27 mai 1708. Le 25 octobre 1715, il assista à l'assemblée générale du clergé gallican ; au mois de juin 1728, il était nommé abbé d'Obasine, et l'année suivante abbé de Mortemer. Il habitait ordinairement la paroisse St-Sulpice de Paris, où il mourut le 29 juin 1756, âgé de 87 ans.

En 1710, Jean Madeline était prieur.
1716, Ambroise de St-Remy, sous-prieur, mort en 1721.
1717, Louis de Paulmier, procureur.
1724, Jacques Morel, prieur.
— Michel Pillon, procureur.

1724, Charles Delalande, circateur.
—   Michel Le Corsonnais, sacris-
      tain.
—   Jean Gascher, professeur de
      philosophie.
1725, Jacques Lemasurier, procureur.
1726, Jean-Baptiste Frondemiche.
—   Michel Tiphaigne, procureur.
—   Léonor Lepoutrel, prieur, mort
      en 1728.

En 1729, Philippe de Marguerit, sieur de
St-Pavin, chevalier, seigneur haut justicier
de Fourneaux, ancien aide de camp de Mgr
le duc de Vendôme, et ancien capitaine au
régiment d'Anjou, *bailla, céda et délaissa*
en échange aux religieux :

Jean-Baptiste Frandemiche, prieur.
Pierre Hellouin, sous-prieur et procu-
reur.
Etienne Lecorsonnais.
Etienne Duvivier, organiste.
Pierre Planquette.
Jean Durand, professeur.
Jacques-François Nicolle, tous prêtres.
François Delaunay.
Jean-François Leplé,
René-Pierre Dupont,
Louis Anctil,
Gabriel Bouvier,
François Deschamps.
Et Louis Lepeltier, tous religieux profès,

Une pièce de terre, contenant 10 acres, nommée l'Enclos-de-Roche-Fontaine.

En contre-échange, les religieux abandonnèrent à M. de Marguerit le noble fief, seigneurie et patronage honoraire de St-Pierre-de-Fourneaux.

En 1730, le prieur Jacques Morel acheta d'un sieur Gosi, moyennant 300 livres, une pendule que celui-ci s'obligea à garantir et entretenir pendant toute sa vie.

L'ordre de Prémontré qui comptait parmi ses religieux des savants et des théologiens de mérite eut aussi à s'enorgueillir d'Eustache Restout, à la fois peintre, sculpteur et architecte, et dont le talent fut justement apprécié ; né en 1654, Restout, parent et élève du célèbre Jouvenet, se livra plus particulièrement à la peinture et orna de ses nombreuses productions divers églises de l'ordre. L'abbaye de St-Jean eut le bonheur de le posséder, et les sombres murs de l'église et du réfectoire s'animèrent sous son pinceau. A la révolution, les œuvres de l'artiste furent transportées dans les églises de la Trinité et de St-Gervais. Dans cette dernière, on voit encore de chaque côté de l'autel de la Vierge, derrière le maître autel, ses deux tableaux les plus remarquables ; ce sont des copies de Jouvenet, l'une représentant l'élévation de Jésus-Christ en croix, et l'autre Hérode et Hérodiade considérant la tête sanglante de saint Jean-Baptiste.

Restout devint sous prieur de Mondaye ; l'église de cette abbaye fut rebâtie d'après ses dessins. L'abbé Langevin raconte que la nièce de ce peintre devint encore plus habile que lui. L'abbaye d'Ardennes s'enrichit de ses tableaux ; son chef-d'œuvre était la représentation de la voûte du chœur. Vers 1720, cette voûte s'écroula sur les religieux au moment où ils chantaient l'office de la veille de Noël à minuit et les écrasa tous. Le procureur seul était en voyage.

D'après un état du revenu de la manse conventuelle de l'abbaye de St-Jean présenté au chapitre de la congrégation des Prémontrés réformés, assemblé en l'abbaye de Belleval en 1740, par le prieur Jacques Morel.

La dîme de Boucey était affermée moyennant.............. 950 l.

— de Loucey	id.	75—
— de Beaumais	id.	800—
— de Commeaux	id.	520—
— de St-Hilaire-la Gérarde		175—
La ferme du Plantis était louée		920—
— de Beaumais	id.	800—
— deRochefontaine	id.	300—
— de Fourneaux	id.	500—
— de Pontvallin	id.	870—
— de Vaux	id.	600—
— de Caudet	id.	65—

La ferme de Goude	était louée	70 l.
La maison de la ville	id,	80—
L'enclos de la maison	id.	300—
Les moulins du Collet	id.	475—
Les moulins à foulon	id.	155—

Etc., etc., etc.

La maison était pourvue de blé, de cidre et de vin pour l'année entière ; elle avait, en outre, 15 chevaux et un poulain, 3 vaches, une génisse et 123 moutons.

Les rentes s'élevaient cette année à 10571 livres, mais les dépenses dépassèrent de 349 livres.

En 1741, l'abbaye avait pour prieur Pierre-René Cuvigny, pour sous-prieur Jacques Morel, et pour procureur Gilles-Gratien Gambier.

René Cuvigny était originaire de Beaumais ; il devint vicaire-général de la congrégation et fut nommé abbé de la Luserne. Voici ce que dit le Gallia :

« Petrus Renatus Cuvigny, congregationis reformatæ vicarius generalis et visitator ejusdem ad votum Lucernæ renunciatus est abbas a rege 25 febv. 1748, bullis donatus VII idus Maïï sequentis, possessionem iniit 8 octobris, et benedictionem accepit in ecclesià Lucernæ ab episcopo Abrincensi, assistentibus montis Dei et Blancæ Landæ abbatibus, 27 octobr. 1748. »

Le 22 novembre 1741, Ambroise Poulin, sergent royal au bailliage de Falaise délivra aux religieux une assignation pour qu'ils aient à exhiber les titres, aveux et dénombrement des maisons, terres et héritages mouvants et relevants de leurs fiefs nobles de Vaux et de St-Jean, afin de pouvoir liquider et distinguer leurs tenures de celles appartenant au roi dans la paroisse de Guibray.

Le prieur Cuvigny, le sous-prieur Morel, et le procureur Gambier rédigèrent une longue déclaration qu'ils adressèrent le 26 janvier 1742 à la généralité d'Alencon.

Les deux fiefs de Vaux et de St-Jean autrefois distincts étaient alors réunis et divisés en domaine fieffé et non fieffé ; ils s'étendaient dans les paroisses de la Hoguette, St-Pierre-du-Bû, St-Martin-du-Bû, St-Laurent-de-Vaston et dans la ville et bourgeoisie de Falaise ; ils relevaient immédiatement du souverain auquel les religieux qui ne possédaient point d'héritages relevant du fief de Bretheuil ou autres fiefs à Guibray, étaient tenus d'en faire aveu.

Le domaine non fieffé comprenait :

L'enclos de l'abbaye, entouré de murailles, et contenant de 10 à 12 acres ;

La pièce en labour, et jardins, nommée le Champ-St-Michel ;

Une mare à fumier, bornée par les chemins des Ursulines et du Val-Buquet, le cimetière de l'Hôtel-Dieu, et la radresse passant devant la maison des Sept-Saints ;

Un hébergement sis à Crudet, contenant de 7 à 8 acres, avec deux corps de logis, nommés la ferme de Caudet ;

Deux autres corps de logis et deux jardins acquis de Lechastelain, représentant Pion ;

Une maison acquise de Charles de Bons ;

Le manoir et domaine de Vaux contenant 50 acres, avec la chapelle St-Clair et le moulin de la Roche ;

Six acres de terre, au réage du Goulet, sur le chemin tendant au Monthardy ;

Les maisons du Petit-St-Jean, près la porte de Boucey ou de Guibray ;

Les moulins des Traits-du-Collet ;

Les moulins de la Vallée, dits de St-Jean, avec les dépendances et le Pré-du-Grosboscq ;

Un bois-taillis contenant 20 acres ;

La ferme de Goude, d'une contenance de 40 à 50 acres, consistant en maisons, pâtures, bruyères, landes, étangs, terres labourables, bois-taillis et une portion des Bois-Panthou ;

Enfin quelques acres de terre.

Une déclaration relative au domaine fieffé, constatait que certains propriétaires, vassaux de l'abbaye, rendaient exactement aveu, acquittaient les droits seigneuriaux et payaient le treizième lors des mutations ; mais que d'autres refusaient de remplir ces obligations en énonçant dans leurs contrats que leurs biens relevaient du franc-fief de

Bretheuil ou de la franche bourgeoisie. Ils demandaient alors l'autorisation d'opérer la réunion féodale de ces héritages au corps de leur fief, et invoquaient l'un des articles de la coutume duquel il résulte que le vassal ne peut prescrire le droit de foi et hommage dû au seigneur.

Ainsi, M. Noël André de la Fresnaye refusait aveu de sa pièce de la Tuilerie, contenant deux acres, d'un morceau de terre situé à la Vallée, réage de la Fosse-Coudreuse, de jardins près les fossés de la ville, d'une portion de terre en plant, pré et jardin sur laquelle s'élevait autrefois un moulin à couteaux, et de quelques autres pièces.

M. de St-Germain, représentant madame de Burcy, de terre et de maisons, nommées les Maisons-Occaignes, sises à la Vallée, bornées d'un côté par le chemin de Falaise à Guibray, et d'un bout par le chemin tendant du chemin d'Airennes au Moulin-Fessin ;

Christophe Jamet d'une partie des jardins du Refour ;

Jacques Liard d'une portion de terre, sise au bout du Champ-St-Michel et qui avait été fieffée en 1491 à Philippeau Davois, moyennant 30 sols, 2 chapons et 2 gelines de rente seigneuriale ;

Le sieur Larivière des maisons et jardins du Valbuquet, fieffés à Richard Brunebaut avant 1371. Les religieux firent saisir féodalement son jardin qui faisait partie de ces héritages et qui était connu sous le nom de Jardin du-Petit-Bordel. Ce nom est resté au chemin du Valbuquet.

Enfin Guillaume Jarry d'un jardin et maisons, clos de murs, fieffés en 1571, par Louis de Montgommery, et joutant l'héritage des Sept-Saints, le chemin du Valbuquet et le cimetière de lfHôtel-Dieu ; etc., etc., etc.

Rendaient aveu :

Jacques Leblanc, de plusieurs corps de logis, rue des Boulangers ;

Desuos-Champagne, de la maison du Petit-Turc, joutant le Petit-St-Jean ;

Les demoiselles Verrier de Haut-Marais, des cour, écuries et jardin de la Tour-Grise, contenant 2 acres ;

Les frères de l'Hôtel-Dieu, du cimetière des pauvres, du jardin du prieur, et de l'ancien cimetière des protestants ;

Corsonnais de Vauroger, de la métairie du Valbuquet ;

Les dames Ursulines, du Pré-Brunehaut, du Champ-aux-Oies et aux Œufs, et de leur maison, cour, chapelle, édifices, jardin, enclos régulier, maison du confesseur, pré anciennement nommé Pré-de-l'Hôpital, héritage de la Crosse, et jardin d'Airennes acquis d'un sieur Chavarot et joutant l'enclos des religieuses de la maison des Sept-Saints ;

Les sieurs Fleury et Bisson, des maison et jardin des Sept-Saints ;

Divers personnages, d'hôtelleries qui figurent dans notre Notice sur la foire de Guibray ;

M. de Boulogne, écuyer, secrétaire, conseiller du roi, de terre et maisons bornées par la sente tendant de la Croix-Hinchot (Hérault) au hameau du Camp-de-Foire, etc ;

Madame Lecatois, veuve d'un conseiller en l'élection de Falaise, de pièces et bâtiments ;

M. d'Ollendon de divers héritages voisins des précédents ;

M. du Plessis de Magny, de terre sise au Fournil-à-Chaux, ayant appartenu en 1471 à Jacques Doulay, et joutant à cette époque Alexandre de Boulon et les hoirs Grésille ;

Divers, de jardins et mâsure ayant appartenu à Jean Lechastelain en 1471, fieffés en 1445, et joutés par la venelle rendant à la fontaine de Coulons ;

Jean-Baptiste Leboullenger, sieur des Douits, de maisons où pendait pour enseigne l'Ormeau, et joutant les chemins de la rue Bretle et de la Porte-du-Château à Argentan, et la Motte-Fouquet ou radresse conduisant au chemin de Bazoches ;

La veuve de Guillaume de Bons, de maisons nommées les maisons Hérault, joutant le grand chemin de la Porte-du-Château à Argentan ;

Charles d'Eraines, sieur d'Entremont, d'héritages situés à la Vallée ;

Divers, de biens sis à la Fosse-Coudreuse, aux réages de la Croix-Catherine, de la Croix-Pleureuse et du chemin Saulnier ;

M. de Couvrigny, des moulins de St-Clair ou de Baffolet, du Cabaret de St-Clair, etc., le tout jouté par la radresse conduisant à la fontaine du Douit-Guerpin.

Etc., etc., etc.

En 1747 Jacques Desmares remplaça René Cuvigny dans les fonctions de prieur ; Pierre-René du Pont-Socher était sous-prieur, et François Parfait procureur.

Le Nécrologe nous rappelle la mort de Charles Bellier, en 1711, de Martin Langée, curé de St-Pierre-du-Bû, en 1734 ; de Elie-François Parfait, curé de Loucey, en 1738, de François Turpin, curé du Bû en 1741, et de Jacques Vaudion en 1758, tous religieux du monastère.

1757. — GABRIEL DE GAUCHAT.

Cet abbé naquit en Bourgogne en 1709 ; prêtre de l'académie de Villefranche, chanoine de la cathédrale de Langres, il se fit un nom parmi les auteurs ecclésiastiques, et se montra l'un des plus zélés défenseurs de la religion. Ses œuvres sont généralement estimées. Louis XV lui donna l'abbaye de St-Jean en 1757 ; il la conserva jusqu'en 1776, et mourut à Paris en 1779.

Nous avons vu que les abbés ne résidant pas toujours dans leur abbaye, louaient, selon leur gré, tout ou partie de la maison abbatiale ; c'est ce que fit Gabriel de Gauchat. En son nom et par acte passé devant Sabinne, notaire à Falaise, le 4 avril 1758, René-Jacques Leclerc, procureur de l'abbaye, loua à Messire Marc-Antoine de Beaurepaire de Guitot, un cellier, une cuisine, un vestibule et 2 chambres dépendant de la maison abbatiale. Entre autres conditions, ce bail portait que dans le cas où l'abbé viendrait à Falaise, les religieux seraient tenus de procurer à M. de Beaurepaire un autre logement dans leur abbaye.

Les religieux donnaient les sacrements aux locataires de l'abbatiale ; le curé de Guibray, André Mariffas, s'en plaignit ; mais une sentence rendue le 15 novembre 1765 maintint les Prémontrés dans l'exercice de cet usage.

Non seulement les abbés donnaient à loyer leur maison abbatiale, mais encore les biens qui composaient leur manse. Depuis longtemps les religieux s'en étaient

rendus fermiers par baux conventionnels
renouvelés de 9 ans en 9 ans, et, selon leur
dire, ils avaient conservé toutes choses dans
le meilleur état possible. Quelques difficultés s'étant élevées à ce sujet entre eux et
l'abbé de Gauchat, ils proposèrent à ce dernier de convertir leur bail temporaire en
bail à vie. Cette proposition fut acceptée,
et les conditions du bail dont nous avons la
copie furent immédiatement arrêtées.

Les religieux adressèrent à Jacques Bertrand, qui était devenu prieur du monastère
du St-Sacrement établi à Paris, carrefour
de la Croix-Rouge, une procuration passée
devant Sabinne, le 5 décembre 1766.

L'abbé de Gauchat se fit représenter par
Jacques-François Filleul, receveur de la ca-
pitation de Paris, et le bail fut passé devant
les conseillers du roi, notaires au Châtelet,
le 31 décembre 1766.

Par cet acte, les religieux louaient pour
eux et leurs successeurs, à titre de bail à
vie, l'usufruit et jouissance des biens et
revenus de la manse abbatiale désignés
dans les partages faits avec Jean de Vieux-
Pont le 25 août 1648, pendant tout le temps
que l'abbé serait titulaire du bénéfice ; ils
étaient chargés d'acquitter tous décimes et
impositions quelconques, de faire les réparations et reconstructions nécessaires, de
maintenir toutes choses en bon état, et enfin

de payer à l'abbé, en son domicile à **Paris,**
un fermage annuel dé 3,400 livres aux quatre termes de l'année ordinaires et accoutu-
més, avril, juillet, etc., le tout en espèces
sonnantes et ayant cours.

En 1773, Julien Alaterre, adjudicataire
des fermes de France, considéra cette loca-
tion comme un acquêt ; il réclama aux religieux une somme de 1,666 livres pour
droits, les cita devant le commissaire de la
généralité d'Alençon, et obtint contre eux
une ordonnance de saisie-arrêt.

Les religieux adressèrent alors une requête au roi pour être dispensés du paiement de cette somme et déchargés de certaines autres impositions ; ils disaient que
s'ils avaient su qu'un bail à vie eût eu le
plus léger caractère d'une acquisition, ils
y auraient renoncé ; qu'il était bien surpre-
nant que le sieur Alaterre eût laissé passer
7 années sans faire sa réclamation, et qu'enfin, si la saisie-arrêt était exécutée, ils seraient réduits à la dure nécessité d'aliéner
une partie de leurs biens temporels ou *de
mourir de faim.* Exposant leur situation,
ils ajoutaient qu'ils avaient de lourdes charges à acquitter tant envers leur abbé qu'envers le roi ; que par un travail successif de
plus de 60 années, ils avaient fait reconstruire leur abbaye ; qu'ils faisaient quoti-

diennement sous les yeux du public des aumônes considérables en pain et en argent,
et qu'enfin le noviciat établi dans le monastère les exposait à des dépenses extrêmes.

En 1760 le prieur de St-Jean était Jacques Bertrand.

Le sous-prieur Louis Delaunay, mort
en 1768.

Joseph Pelvey.

Laurent et Charles Coge, chantres.

Louis-Adrien-Philippe de Ste-Croix;
Thomas Larue.

Olivier Castel, professeur.

Louis-Achille Chevallier.

Jacques Moulinet.

François-Gabriel Brout.

Simon-Antoine Fichet.

Antoine-François Charlot.

Laurent Lhuillier, étudiant en philoso-
phie.

Nicolas Burnel, mort en 1771.

Eustache, chanoine, curé de Loucey,
mort en 1774.

En 1766 Charles Alliot était prieur.

Et en 1776, Martin Hébert, procureur.

La lecture d'un mémoire rédigé par les
religieux en 1766 contre Jacques-François
Azire, curé de Montabar, ne nous a pas paru

offrir quoi que ce soit qui puisse intéresser nos lecteurs.

1777. — D'ESTOCQUOIS DE SCHULEM-BERG, OU DE FURSTEMBERG.

Ce personnage nous est complètement inconnu.

Un Mondejeux de Schulemberg fut fait maréchal de France par Louis XIV. en 1658. Etait-ce un ancêtre de notre abbé? Nous l'ignorons. Un Ferdinand de Furstemberg fut évêque de Munster en 1678, et vicaire général du St-Siège. Un autre François-Egon de Furstemberg était prince-évêque de Strasbourg en 1663.

De Schulemberg ou de Furstemberg, fit dresser l'inventaire du chartrier de St-Jean, et eut à sévir contre certains débiteurs récalcitrants ; entre autres le sieur Gaugain, fermier de la dîme de Vaslon qui en 1777 refusait de livrer à l'abbaye les grains qui lui étaient dus.

Le dernier chapitre de l'ordre de Normandie fut tenu à Falaise. Tous les délégués des monastères s'y trouvèrent réunis pendant plusieurs jours. Sur ces entrefaites, Binet, moine de St-Jean, vint à mourir. Une ordonnance récente défendant d'enterrer dans les communautés, le religieux fut inhumé dans le cimetière St-Gervais, et cette cérémonie se fit avec un grand éclat. Tout le cortége de Prémontrés traversa la ville qui retentissait de chants funèbres et d'autant plus douloureux que le pressentiment des événements futurs était dans toutes les âmes.

A l'année 1777 se rattache le passage du comte d'Artois, plus tard Charles X, à Falaise.

En 1778, les travaux d'établissement de la route d'Argentan, depuis la rue des Capucins, jusqu'au haut de l'enclos de l'abbaye s'exécutèrent. Le prieur de St-Jean, Augustin Sevêtre, en jetant un regard attristé sur cette voie nouvelle qui entamait la propriété, s'écria comme un prophète eût pu le faire : *L'horizon est gros de nuages, mes frères ; bientôt on dira : là était l'abbaye de St-Jean.*

1779. — JEAN-ANTOINE DE NOGUÈS.

Antoine de Noguès fut doyen du chapitre de l'église cathédrale de Verdun, et vicaire général sous l'épiscopat de Mgr Charles-François de Hallencourt qui occupa le siège de 1723 à 1754. Comme ce prélat passait presque tout son temps soit à Paris, soit dans son abbaye de la Charité, près de Besançon, M. de Noguès administrait le diocèse en son absence, et y laissa de bons souvenirs de sa gestion éclairée. On le croit auteur des statuts généraux publiés par Mgr d'Hallencourt dans le Synode général tenu au palais épiscopal de Verdun, le 8 avril 1750. Voilà les seules traces que nous ayons pu retrouver de l'existence de ce prêtre éminent ; il n'en reste aucune de sa vie privée dans les archives de l'évêché de Verdun.

De Noguès fut pourvu par Louis XVI de l'abbaye de St-Jean en récompense de ses services auprès de madame la dauphine.

En 1783, Marc-Antoine Benard était prieur claustral.

Laurent Coge, sous-prieur.

Charles-Jean-Baptiste Lepoutrel, circateur, mort l'année suivante, âgé de 84 ans.

Louis-François-Marin Bellamy, procureur.

Pierre Hurel.

Jacques-Paul Foucher, professeur.

François Esnault, organiste.

Jacques Lethuillier, mort en 1789.

Le Nécrologe fait mention d'un homme d'un talent remarquable et d'un excellent conseil, Jacques Lechevalier, qui mourut en 1783, âgé de 46 ans, pauvre et accablé par les veilles laborieuses. Il occupa presque toutes les charges de la congrégation et se rendit particulièrement regrettable pour les abbayes d'Ardennes, de St-Jean, de Mondaye et de Silly : il fut, dit le vieux registre, l'honneur, le soutien et l'amour de toute la circarie.

D'après des renseignements que nous a fournis M. Crespin, artiste peintre à Falaise, Louis-Guillaume Harfort, son grand-oncle, né à Vendœuvres, aurait fait ses études dans l'abbaye de St-Jean et serait devenu chanoine de la Croix-Rouge, à Paris, puis abbé de cour et confesseur de la reine Marie-Antoinette. Il mourut à Vendœuvres, vers 1795.

Le frère de cet abbé, François Marin, était ingénieur géographe ; les travaux de la route d'Harcourt, lors du passage de Louis XVI, à Falaise, lui furent confiés. Il avait offert au roi une tabatière sur laquelle était le plan de Paris.

Cette famille était alliée aux d'Harcourt.

On dit que des Harfort prirent part au siège de Falaise par Henri IV. Ils sont peut-être les parrains de la rue dite des Herforts.

En 1781, un service funèbre fut célébré dans l'église de St-Jean à l'occcasion de la mort du duc d'Harcourt.

Les religieux possédaient et conservaient bien précieusement deux boîtes d'ivoire qu'ils montraient aux fidèles ; on disait que c'étaient celles dont se servait Thomas, archevêque de Cantorbéry, pour porter sur lui le saint viatique, selon l'autorisation qu'il en avait reçue du pape.

En 1789 les prémontrés firent porter au greffe de la municipalité falaisienne, comme don patriotique, une partie de leur argenterie. M. de Mannetot, alors maire, venait de donner sa démission, redoutant l'avenir ; la milice nationale se formait ; à Paris, le peuple s'était emparé de la Bastille ; tout annonçait une secousse prochaine et violente. Les prévisions du prieur de St-Jean allaient se réaliser.

En 1790, les membres du district demandèrent aux religieux l'état de leurs revenus. L'abbé de Noguès, alors à Verdun (nous le retrouvons à Metz, rue de la Trinité, en 1794), fit déclarer par son mandataire de Falaise, M. Chauvin de la Normandière, que les revenus de l'abbaye consistaient en 10,000 livres, et en 100 livres de beurre d'Isigny, évalués à 70 livres, que les religieux lui payaient et livraient en vertu du traité fait entre eux, et que ses charges s'élevaient à 1,500 livres destinées au payement de la pension de l'abbé de Mougon, ancien grand-vicaire d'Angers. La maison abbatiale était louée à cette époque à Jacques-François Dubosc, chevalier, seigneur de la cour de Bourneville.

. Le district, après constatation, s'empara des revenus, et fit procéder immédiatement à la vente des chevaux et du domaine de

Vaux, dans le cours de la même année.

Les prémontrés se trouvèrent alors dans l'impossibilité de faire face aux dépenses de la maison. Les fournisseurs, les domestiques, le perruquier Do, et l'aide de cuisine Loriot, se plaignirent et refusèrent de continuer leurs services. La situation n'était plus tenable; l'heure de la séparation approchait; mais en attendant il fallait vivre et les ressources étaient complètement épuisées. L'abbaye dont le concours avait, de vieille date et dans bien des circonstances, été fort utile à la ville, crut pouvoir faire appel à la bienfaisance des administrateurs et demanda un secours de 6,000 livres. Le district ne put accorder que la moitié de cette somme.

Au mois d'avril 1791, deux mois avant l'évacuation, l'abbaye était ainsi composée :

Louis Lemonnier, prieur.

Charles Coge, 70 ans.

Michel Bourget, 70 ans.

Jacques Michelle.

Toussaint Delange.

François David.

Halley, clerc.

Delaunay.

Jean Ferrière.

Lepiquellier, 50 ans.

Jacques-François-Christophe Langevin.

François Esnault, organiste, 50 ans.

Au mois de juin suivant, l'autorité donnait aux religieux l'ordre formel de sortir du monastère. Depuis quelques jours déjà ils étaient en butte aux menaces et aux grossièretés des mauvais sujets qui, après avoir reçu d'eux de fréquentes aumônes, ne rougissaient pas de montrer ainsi leurs instincts pervers et leur ingratitude. On raconte qu'un individu, surnommé Gueule-de-Raie, injuriait particulièrement le clerc Halley, celui qui devint curé d'Ollendon, et entre les mains duquel se trouvait le Nécrologe de la communauté. Doué d'une force herculéenne, Halley, après avoir fait de vaines remontrances, allait infliger une vigoureuse correction à son persécuteur, quand ses confrères intervinrent, et le supplièrent, dans leur intérêt à tous, de ne pas porter la main sur ce misérable.

Après leur sortie de la communauté, quelques-uns des religieux, n'ayant absolument aucun moyen d'existence, restèrent à Falaise où l'administration prit soin d'eux pendant quelque temps; l'organiste Esnault fut de ce nombre. Quant aux autres, ils rentrèrent sous le toit de la famille ou passèrent à l'étranger.

Ainsi se trouvèrent dispersés les derniers habitants de la communauté de Gonfroy, qui après avoir soulagé bien des infortunes, allèrent à leur tour, bâton en main, besace au dos, mendier le pain de la charité.

Alors commença le pillage de l'abbaye.

Le chartrier, la bibliothèque, l'une des plus riches du diocèse, et que les dons du chanoine Turpin, curé de St-Martin-du-Bû, et de Jacques Labbé, prieur de Martigny, avaient considérablement augmentée, fut dispersée çà et là, sans que l'administration, bien regrettable incurie, songeât à s'en préoccuper ; chacun put à loisir faire son lot ; le reste fut porté à l'hôtel-de-ville et jeté dans les greniers; on ne sut même pas conserver ces précieux débris ; la ville de Caen profita de notre négligence, et sa bibliothèque est enrichie de volumes qui devraient orner la nôtre.

En août 1791, les administrateurs montèrent dans le clocher, et trouvèrent quatre cloches dont la plus grosse avait 2 pieds 5 pouces de diamètre. L'une de ces cloches avait été refondue en 1704 par un caennais du nom d'Etienne Lefebvre. Dans une tourelle bâtie au-dessus de la maison était également une petite clochette.

Le 28 novembre de la même année, les membres de la fabrique de l'église Trinité demandèrent un aigle en cuivre jaune resté dans le chœur, pour remplacer le leur qui était en bois et vermoulu, sans que ce don pût porter préjudice aux droits de la fabrique dans le partage qui devait être fait entre les églises des ornements des communautés. L'administration voulut bien consentir à le leur abandonner, mais à la condition qu'ils donneraient une pareille quantité de cuivre jaune ou qu'ils verseraient la valeur de l'aigle en argent.

En 1793, l'abbaye servit de caserne, et comme ce vaste emplacement et l'abondance de fourrages offraient tout avantage, la municipalité, en 1795, pria l'administration centrale du Calvados de la lui conserver pour cet usage.

Le 24 messidor an IV, la maison abbatiale et dépendances furent vendues à Jean-Louis-Etienne Legris-Duval, commerçant à Falaise, moyennant neuf mille livres.

Quant à la vente de l'église, des autres bâtiments et terrains dépendant de la communauté, elle eut lieu le 14 germinal an VII, et les principaux acquéreurs furent : MM. Leroy-Lacocherie, Beaumais, Foulon-Grandchamps, Legris-Duval, Fayou, Tiger, etc.

L'église fut abbattue la même année, et les propriétaires se partagèrent les matériaux.

Ainsi sculptures, pierres tombales et inscriptions, souvenirs précieux, témoignages historiques, œuvre patiente des siècles, tout disparut sous la pioche; et la chute du monument s'écroulant avec fracas sur les dalles funèbres put apprendre aux abbés inhumés dans le sanctuaire que leur impo-

sante abbaye n'était plus qu'un monceau de
ruines.

ETAT DES LIEUX DÉ L'ABBAYE DE ST-JEAN d'a-
près un procès-verbal et un plan dressés le
30 brumaire an VI, par MM. Marie Des-
sesarts, ingénieur en chef du Calvados, et
Antoine Crespin, entrepreneur; et aussi
d'après les souvenirs des anciens et les
archives du département.

Enclos du Monastère.

Cet enclos, fermé par de hautes murailles, contenait environ neuf hectares, et
était borné, d'un côté au couchant par le
champ St-Michel et des Jardins, d'autre côté
par la venelle du Coq, le Champ-de-Foire,
etc.; d'un bout au nord par le sentier dit de
Ste-Honorine longeant la propriété de la
Fresnaye et rendant de la porte Marescot à
Guibray, et d'autre haut par la rue tendant
de la porte de Bocey à Guibray et longeant le
couvent des Dames Ursulines.

La rue de Bocey et le chemin de la porte
Marescot traversant les Jardins du bas du
champ St-Michel conduisaient à la grille
d'entrée de l'abbaye. De chaque côté de cette
grille, semblable à celle de l'église St-

Gervais et faisant face à l'atelier d'un charron, étaient deux douves séparées par un pont sur lequel s'élevait cette grille qui ouvrait sur une vaste cour d'honneur en herbe, commune entre l'abbé et les religieux et s'étendant devant le principal corps de bâtiment.

Maison abbatiale.

A droite de cette cour d'honneur était la demeure de l'Abbé, reconstruite en 1730 aux frais des religieux, d'après le plan de l'architecte Pierre Queudeville. L'ancienne maison abbatiale, édifiée ou rebâtie par les soins de l'abbé Robert Morel, à peu de distance du dortoir des religieux, vers le commencement du XVIe siècle, menaçant ruine et nuisant à l'ensemble du monastère, M. de St-Aulaire, abbé commendataire, consentit, dès 1716, à faire l'abandon des matériaux de la tasserie, de la vieille maison abbatiale et édifices en dépendant vers le cloître, de la cour commune et d'une partie de terrain près de l'abreuvoir, à la condition que les moines se chargeraient de la construction de la nouvelle maison. Il fut convenu que cette demeure consisterait en un corps de logis, élevé en tête de la cour, avec deux perrons, l'un sur cette cour, l'autre sur le jardin ; qu'elle serait couverte en ardoises, composée de trois salles et de trois chambres à feu, d'une cuisine, d'un cellier, d'un vestibule, etc., et que la pierre employée sortirait des carrières d'Aubigny et d'Aisy. Deux petits bâtiments en aile à usage de remise et écurie étaient aussi compris dans le devis.

Derrière la maison abbatiale s'étendaient une cour et un grand jardin compris entre la rue des Ursulines, le petit clos et le chemin du champ St-Michel. Sur cet emplacement avaient existé jadis la grange de Gonfroy, l'hôpital et la première chapelle.

Basse-cour.

A gauche de la grande cour d'entrée s'élevait un bâtiment mesurant 18 mètres 70 centimètres de longueur sur 12 mètres 10 centimètres de largeur ; il était couvert en tuiles et à usage d'écurie et d'étable avec grenier dessus ; l'écurie était voûtée. A la suite de ce bâtiment dont il était séparé par un étroit passage se trouvait le logement du métayer, sorte d'appentis ayant 13 mètres 50 centimètres de longueur sur 7 mètres 50 centimètres de largeur, et composé de deux salles à feu dont une avec grenier au-dessus. Les croisées avaient la forme de coquilles.

Entre cette maison et un hangard adossé au mur de l'église était une porte cintrée ouvrant sur le grand clos.

Principal corps de logis.

Ce bâtiment affecté à la demeure du prieur et aux assemblées de la communauté fut achevé vers 1758. Divers mémoires constatent qu'en 1750, Henri Chauvin fit la charpente d'une maison s'étendant de la basse-cour à la haie du jardin abbatial ; que François Lépine, tailleur de carreau, construisit les voûtes des caves en 1755 ; et que Jacques Louvard, couvreur, établit en 1758 la couverture en ardoises. Il ne reste plus aujourd'hui que la moitié de ce corps de logis qui fut occupée par M. de Falconer; l'autre moitié, disparue, servit pendant quelque temps de caserne pour la gendarmerie.

Ce bâtiment, dans son entier, mesurait 62 mètres 70 centimètres de longueur sur 9 mètres 25 centimètres de largeur. Il était composé d'un rez-de-chaussée et d'un étage avec caves voûtées et grenier sur le tout. Les cheminées étaient sculptées. Un magnifique perron s'avançant vers la cour d'honneur et établi entre deux pilastres sculptés qui s'élevaient perpendiculairement jusqu'au faîte où ils étaient reliés par deux cordons triangulaires en pierre de taille, formait le milieu du monument. Ce perron correspondait à un large vestibule facilitant les communications entre l'aile droite et l'aile gauche et recevant l'escalier de l'étage ainsi que celui des caves. Des dalles existaient le long des murs de ces caves.

Le rez-de-chaussée était composé de neuf pièces, non compris le vestibule : à gauche, étaient la salle d'assemblée, la salle à manger et une pièce séparée avec cheminée, s'accédant par un petit escalier pratiqué en partie dans l'épaisseur du mur vers la cour, et par un vestibule régnant au haut dudit escalier entre cette pièce et le gable faisant partie du bas côté de l'église. A droite, étaient une grande salle sans cheminée, une arrière-salle, une cuisine, grand et petit office, un cabinet et une laverie avec corridor et vestibule. Toutes ces pièces du rez-de-chaussée, moins celle à usage de laverie, étaient voûtées en pierres de taille ornées de sculptures.

L'étage était également composé de neuf pièces, non compris le corridor. A gauche du grand escalier partant du vestibule principal s'étendaient trois chambres à feu et deux cabinets ; à droite, côté habité par le prieur, étaient aussi trois chambres à feu et un grand cabinet avec lieux d'aisances. Un escalier en bois conduisait aux greniers.

Cloître.

Derrière la partie qui subsiste aujourd'hui du principal corps de logis ci-dessus, entre le côté droit de l'église, la partie gauche de la maison des frères et un bâtiment neuf construit en ligne du grand perron s'élevait le cloître avec son parterre au milieu. La rue tendant de l'école chrétienne à la rue des Ursulines traverse en partie l'emplacement de cet édifice, et lorsqu'on en baissa le sol on trouva quelques cercueils en pierre qui furent religieusement conservés. Une des côtières du cloître fut couverte en ardoises par Noël Davois en 1744.

Bâtiment neuf.

Le bâtiment neuf qui fermait le cloître à droite et s'élevait derrière le principal corps de logis avait 28 mètres 40 centimètres de long sur 9 mètres 25 centimètres de large. Il était couvert en ardoises et composé d'un rez-de-chaussée et d'un étage avec greniers, mais sans caves. Au rez de-chaussée étaient deux pièces, une grande salle voûtée à usage de réfectoire et une autre salle aussi voûtée formant vestibule ; à l'étage se trouvaient 5 petites chambres dont une à feu, ouvrant sur un corridor. La façade de ce bâtiment était tournée vers la deuxième cour de l'abbaye, c'est-à-dire vers la rue des Ursulines, et il s'élevait entre le cloître et cette cour dans laquelle était une petite étable adossée au mur du jardin de la maison abbatiale. C'est,

dans cette cour également qu'avait été, cro-
yons-nous, construite précédemment, puis rasée, l'ancienne demeure de l'abbé de St-
Jean.

Ainsi le cloître, le bâtiment neuf et la
deuxième cour étaient bornés au nord par
le côté droit de l'église, au sud par le principal corps de logis, à l'ouest par un mur de
clôture les séparant du petit clos longeant la
rue des Ursulines, et au midi par le grand
bâtiment de l'école chrétienne.

Grand et arrière bâtiment ou Ecole des Frères.

Il était borné au nord par le croisillon
droit de l'église, au midi par une arrière-
cour en herbe et jardin, au sud par le cloître, le bâtiment neuf et la deuxième cour,
et à l'ouest, vers le petit clos, par le pressoir et la bibliothèque. Sa façade, tournée
au midi vers l'arrière-cour mesurait 56 mètres de long sur 9 mètres 25 de large. Il était
couvert en ardoises et consistait en un rez-
de-chaussée, un premier et deuxième étage
avec greniers, mais sans cave. Au rez-de-chaussée, vers l'aile droite de l'église étaient trois
grandes pièces sans cheminée ; l'une de ces
pièces attenant au croisillon servait de sacristie, et dans le vestibule se trouvait l'escalier en pierre du premier étage; de l'autre

côté, vers le petit clos, on voyait un corridor, six cabinets, une salle servant de cave, une ancienne cuisine et un entresol au-dessus desdits cabinets et cuisine, servant de chambre à grains. Au premier étage, à gauche, un corridor et cinq chambres dont une à feu ; à droite, le même corridor avec huit chambres dont deux à feu, l'escalier en bois du deuxième étage, et une partie de la bibliothèque dont le bâtiment se trouvait en retour d'équerre à l'extrémité ouest. Le deuxième étage était distribué comme le premier, et servait comme lui de dortoir. D'après une ancienne vue de l'abbaye, il semblerait que l'extrémité nord du toit de ce bâtiment supportait le beffroi destiné à l'horloge existant dans l'aile droite de l'église. Le gable de cette aile et de la maison était sans doute le même.

Eglise.

En continuant de marcher toujours droit devant nous depuis la grille d'entrée, nous trouvons l'église à notre gauche, bornée au nord par le grand clos et un hangard, à l'ouest par le gable du principal corps de logis, le cloître, le gable du grand arrière-bâtiment dont dépendait la sacristie et une partie de l'arrière-cour, au midi par le dit grand clos et le jardin de l'arrière-cour, et enfin au sud par la grande cour d'entrée ; en un mot elle occupait l'emplacement de la rue qui tend du champ St-Michel à la venelle du Grand-Coq dans une longueur de 53 mètres 15 centimètres sur 16 mètres 10 centimètres de large, et le terrain qu'elle couvrait avait une contenance de 10 ares 70 centiares environ. Sous ce sol que nous foulons chaque jour sont restés évidemment les cercueils, riches d'inscriptions et de souvenirs, des anciens abbés de St-Jean.

La porte d'entrée de ce monument dont la construction avait été poursuivie par les soins de Gautier Ier, quatrième abbé de St-Jean, faisait face à la rue du Champ St-Michel. L'église avait la forme d'une croix ; l'aile droite, à usage de chapelle, était contiguë au gable des frères et communiquait avec cette maison pour l'accès de la sacristie, là où se trouve aujourd'hui un petit bâtiment servant de cuisine, et sur l'emplacement duquel, après la démolition de l'église, on devait établir un réservoir et une fontaine. Dans cette aile droite était une horloge que les religieux avaient achetée 300 livres d'un sieur Gost en 1740. L'aile gauche, vers le grand clos, servait aussi de chapelle.

Le chancel faisait face à la porte d'entrée. Entre les deux chapelles, le chœur et la nef s'élevait le clocher, sorte de tour carrée, percée d'ouvertures, supportant trois dômes superposés et se rétrécissant graduellement, dont deux à jours reliés par des colonnes. Sur le dernier était une petite croix fixée à une boule en cuivre. Le corps principal de l'église et le clocher à trois dômes étaient couverts en ardoises ; les chapelles et un des bas côtés en tuiles.

L'église était voûtée et suivait la pente qu'a conservée la rue tendant du Champ-St-Michel à la venelle du Grand-Coq.. Elle avait quinze piliers de chaque côté dans sa longueur ; le grand autel avait deux faces et le chœur était orné de riches peintures. Le cimetière était contigu à l'église, à gauche, vers la route d'Argentan. On a trouvé de nombreux ossements en creusant les fondations des maisons particulières élevées sur son emplacement.

Pressoir et bibliothèque.

A l'extrémité du bâtiment des frères, vers le Cœur-Bleu, partie qui a disparu aujourd'hui, était le pressoir, construit en retour d'équerre. C'était un bâtiment long de 23 mètres 75 centimètres, et large de 9 mètres 25 centimètres ; il consistait en un rez-de-chaussée et deux étages sans caves ni greniers, et était couvert en ardoises.

Le rez-de-chaussée comprenait une grande pièce à usage de pressoir avec chambre à pommes à l'entresol. Au premier étaient quatre pièces et un corridor ; au deuxième une grande pièce cintrée à usage de bibliothèque, communiquant avec le bâtiment des frères.

A côté du pressoir étaient le fruitier et les lieux d'aisances. Ce bâtiment, qui avait 8 mètres 45 centimètres de long sur 4 mètres 25 centimètres de large fut démoli par les dames religieuses du Cœur-Bleu pour l'établissement de leur maison d'enseignement.

Infirmerie et boulangerie.

A la suite du fruitier, entre l'arrière-cour dont nous allons parler et le petit clos, la façade tournée vers cette arrière-cour, était un bâtiment long de 23 mètres et large de 7. Il était couvert en tuiles et composé d'un soubassement donnant sur le petit clos, d'un rez-de-chaussée au niveau de l'arrière-cour et d'un étage avec grenier au-dessus. Le soubassement comprenait une étable et une boulangerie avec la masse du four. Le rez-de-chaussée, à droite vers le fruitier, était composé d'une pièce avec un cabinet, à gauche de deux pièces dont une avec cheminée et d'un escalier. A l'étage, étaient quatre pièces destinées à l'infirmerie. Ce bâtiment que l'on voit encore à la suite de la maison d'éducation que les Dames ont fait construire à deux reprises sert aujourd'hui au rez-de-chaussée de cuisine et de réfectoire, et à l'étage de salon et de chambre pour Madame la supérieure.

Arrière-cour.

Devant l'établissement des frères, entre le grand et le petit clos, s'étendait l'arrière-cour dont moitié vers le nord était en herbe et l'autre moitié en jardin. Elle est aujourd'hui transformée entièrement en jardin pour l'usage des frères.

Grand jardin.

A la suite de l'arrière-cour, dont il était séparé par un mur de soutènement, régnait le grand jardin de l'abbaye contenant 11 ares 70 centiares et s'étendant jusqu'à la porte du haut de l'enclos, près de la venelle du Coq. Il était planté d'arbres fruitiers et coupé par de belles et larges allées dont l'une le traversait dans toute sa longueur. Les murs de clôture, à l'ouest et au sud, étaient garnis d'espaliers. Le grand clos se prolongeait à gauche de ce jardin qui était borné à droite vers le petit clos par des terrasses et la pepinière. Cette pépinière qui longeait toute l'étendue du jardin était comprise entre un fossé la séparant du mur de clôture et le petit clos.

Grand clos.

Planté de pommiers, il était borné au

nord par le chemin tendant de la porte Marescot à Guibray ; le long de ce chemin, en dedans du mur, s'élevaient deux rangs d'arbres forestiers ; d'autre côté par la cour d'honneur, les êtres de la basse-cour, l'église, le petit et le grand jardin ; d'un bout au midi par l'ancien magasin à poudre et la venelle du Coq, et d'autre bout par le chemin de l'abbaye et le champ St-Michel. Le long de ce chemin, en dedans du mur, s'élevaient aussi deux rangs de tilleuls.

Dans le grand clos se trouvait le colombier avec ses trois mille boulins, dit-on. Il était élevé entre le mur de clôture du grand jardin et le mur de l'enclos, à cent mètres environ de la porte du haut.

Magasin à poudre.

Vers cette porte, à l'angle méridional du grand clos s'élevait un petit bâtiment couvert en tuiles ayant 12 mètres 40 centimètres de long sur 5 mètres 25 centimètres de large. Il était composé de deux salles dont une à feu, et d'un grenier. Nous croyons que c'était l'ancien magasin à poudre, qui en 1785 fut reloué pour neuf années par le prieur Marc-Antoine Bernard à Henri-Léandre Mollet-Dauval, garde magasin des poudres et salpêtres au département de Falaise.

Petit clos.

Planté également de pommiers, le petit clos était borné d'un côté par la pépinière, une partie de l'arrière-cour, l'infirmerie, le fruitier, le pressoir et la deuxième cour de l'abbaye ; d'autre côté par la rue des Ursulines; d'un bout au midi par divers propriétaires, et d'autre bout par le jardin de la maison abbatiale.

En terminant, nous prions l'autorité municipale de vouloir bien donner et maintenir aux diverses rues qui sillonnent l'emplacement de l'ancien hospice-abbaye des noms qui perpétuent le souvenir de cet imposant monastère et de son fondateur. Nous prenons la liberté de proposer les noms suivants : rue Gonfroy, rue du Cloître-St-Jean, rue de l'Abbatiale, des Prémontrés, etc.

FIN

ERRATA

PAGES	LIGNES	LIRE
10	17	restés.
12	25	berceau de son père.
—	25 et 26	elle tenait loyalement.
—	27	et qu'enfin.
—	28	justifiée.
15	27	desideriis.
37	14	autorisation.
46	11	surprendre.
55	4	Foulques de Longueth.
57	17	revocet.
63	28	litres.
69	2	ce seigneur.
70	9	et germe.
—	15	confirma.
87	6	1607.
97	22	le nécrologe.
107	11	ces diverses.
110	6	les plus authentiques.
111	1	Denys.
124	22	nous en donner communication.
125	5	en 1437.
138	9	se rendirent.
143	6	1575.
149	24	Caen.
150	20	le scu du supérieur.
153	18	Berdones.
155	7	Augustin le Scellier.
—	5	aucunes dîmes des terres.
—	23	des 7 mai.
156	25	Norbert Calieu.
—	27	de Nicolas.
159	28	la construction.
160	10	Bénard.
163	18	on pense, à tort peut-être.
175	1	et la maison.
—	23	1455.
176	15	du Pont-Rocher.

TABLE SUCCINCTE

www.ingramcontent.com/pod-product-compliance
Lightning Source LLC
Chambersburg PA
CBHW071946090426
42740CB00011B/1842